루터교 예배 이해

박 성 완 저

컨콜디아사

축하의 글
이무열 박사(루터신학대학교 총장)

　우리 신학대학교의 예배학 교수이시며 지역교회를 담임하고 계시는 박성완 교수께서 『루터교 예배 이해』라는 책을 쓰신 것에 대해서 축하의 글을 쓸 수 있게 된 것을 무엇보다도 영광으로 생각합니다.

　수 년간 우리 신학대학교에서 예배학을 공부하셨고 가르친 경험 뿐 아니라, 예배학 분야를 미국에서 연구하신 경험에 비추어 볼 때, 이 책은 당연히 박 교수께서 저술해야 할 몫이라고 생각합니다. 또한 이 책은 한국 루터교회에 소속한 목사의 역할이기도 한 일인데, 현재 옥수동 루터교회의 담임목사로써 일하고 계시는 박 교수님은 매 주일마다 루터교 예배의 원리를 적용해 왔다는 점에서도 적합한 분이라고 생각합니다. 그러므로 박 교수님의 작업은 신학대학교 교실에서 다룬 이론일 뿐 아니라, 실제 지역교회에서의 응용한 결과라는 점에서 가치가 있다고 믿습니다. 그동안 박 교수님은 자신이 학교에서 배우고 가르친 원리들과 통찰력들을 지역교회에서 적용해 왔고 공개적으로 논증해 왔습니다.

　박 교수님께서 2000년 5월 미네소타주에 소재하는 세인트 폴 시의 컨콜디아 대학교에서 명예 문학 박사 학위를 받으셨을 때, 학위 증서에 인용된 말은 다음과 같았습니다.

> "예배와 신학 연구는 박성완 교수가 그의 모국인 한국에서와 미국에서의 그의 연구를 통해서 계속 진행중인 작업이었습니다. 더욱 중요한 것은 그는 자신의 신앙과 신학적인 발전을 자신의 회중들인 지역교회와 대학교에서, 그리고 한국 루터교회의 예배에서 그리고 그의 저술 작품들 안에서 적용했다는 점입니다."

위에 인용된 말씀들은 더할 나위 없는 훌륭한 축하와 추천의 말씀으로 요약할 수 있는 가치있는 구절이라고 생각합니다. 왜 그렇습니까? 그분의 학문적 연구가 목회적 사역을 뒷받침함으로, 교수요 설교자로써 양면을 잘 조화시킨, 목사이며 교수인 박 교수님을 극명하게 잘 드러내 주는 구절이기 때문입니다. 그는 그가 신학대학교의 교실에서 가르친 내용을 그의 지역 교회 교우들과의 생활속에서 실천하였습니다. 그는 목회적인 관심사를 지적인 은사에 잘 조화시켜 왔습니다.

물론 예배란 교회 생활에 있어서 중심입니다. 예배란 교회의 근본적인 기능과 활동의 하나입니다. 특히 루터교회는 엄청나게 풍부한 예배의 유산을 받았습니다. 이 책이 이런 풍부한 예배의 유산을 이해하거나 감사하거나 사용하려는 분들에게 도움이 될 수 있으리라는 것이 저의 기대이며 희망입니다. 이 책이 많은 분들의 영적인 삶을 의미있게 만들어 줄 것입니다.

루터교회가 물려받은 이 위대한 예배의 유산은 다른 사람들과 나누어야 할 축복입니다. 이 책이 종교 개혁을 기념하는 때에 출판되게 되었다는 것이 얼마나 적절한 일인지 모르겠습니다. 우리는 이 절기에 말틴 루터가 참된 복음을 선포할 목적에서 개혁과 갱신에 심혈을 기울였던 여러 가지 일들을 회고하며 축하하기 때문입니다. 말틴 루터가 제정하였던 예배의 개혁들은 언제나 복음과 사람들을 위한 것이었습니다.

저는 이 『루터교 예배 이해』가 많은 기독교인들에게 축복의 도구가 되기를 바랍니다. 그래서 오늘 우리들이 이곳 땅에서 드리는 예배 경험이, 하나님의 영원한 존전에서 기쁨으로 나누게 될 미래의 예배 경험을 미리 맛볼 수 있게 되기를 진심으로 희망합니다.

2000년 9월
루터신학대학교 총장 이 무 열.

축 사
도로우 박사(루터신학대학교 명예총장)

목회자들과 예배를 인도하는 분들은 이번에 출판한 박성완 교수님의 『루터교 예배 이해』라는 책으로 인해서 기뻐하게 되었습니다. 이 책의 출간은 한국에 있는 여러 교회들 가운데 하나인 루터교회의 역할을 반영하는 기회라고 생각합니다.

우리 루터교회는 조금 늦게 한국에 왔습니다. 첫 선교사 일행이 한국에 온 것은 1958년 1월이었으며, 그 해 말경에 지원용 박사께서 도착하였습니다. 이 당시의 루터교 선교사들은 한국에서 이미 기독교회가 잘 세워지고 있다는 사실을 알고 있었기에, 이런 기존 교회들을 잘 섬기는데 헌신하도록 그들이 부르심을 받았다고 확신했습니다. 이들 루터교회 선교사들은 신학적인 면에서 뿐 아니라, 방송이나 출판사를 통해서 루터교회 전통들이 가진 힘을 잘 활용함으로 한국 교회에 공헌할 수 있도록 일을 시작하였습니다. 루터교회의 컨콜디아 출판사는 루터교회 신학을 알리는 다양하면서도 기본적인 것들을 출판하기 시작했는데, 그 가운데는 영어로 된 루터교 예배에 관한 몇 권의 책을 번역한 것도 포함되었습니다.

박성완 교수의 책은 한국인에 의한 한국어로 된 루터교 예배에 관한 전문 작업이라는 점에서 주목할만한 일입니다. (다른 주목할만한 책으로는 강신우 교수가 쓴 『찬송과 예배의 실제』라는 책입니다.) 예배에 관한 박 교수님의 전문가적 지식은 그 분의 개인적인 관심과 끊임없는 연구 그리고 자신이 사역하는 지역 교회에서 행한 실제적인 적용에서 비롯된 것입니다.

박 교수님은 루터 신학원과 루터 신학대학교에서 수 년간 예배학 과목을 가르쳤습니다. 또한 미국 미조리주 세인트 루이스의 컨콜디아 신학대학원과 미네소타 주 세인트 폴에 있는 루터 신학대학원의 저명한 예배학 교수들 밑에서 예배학을 연구하였습니다. 선생이며 동시에 교회 지도자로서 그 분의 헌신은 지난 2000년 5월에 세인트 폴의 컨콜디아 대학교로부터 명예 문학박사 학위를 받게 되었습니다.

필자는 박 교수님과 함께 동료 교수일 뿐 아니라, 그 분을 지도했던 것에 대해서 자랑스럽게 생각합니다. 필자의 가르치는 분야가 예배학을 포함하지는 않았지만, 박 교수님으로 하여금 외국에 나가 공부할 수 있도록 주선해 준 일과 예배학에 대한 박 교수님의 관심을 격려할 수 있었던 것은 필자에게 큰 기쁨이 아닐 수 없습니다. 필자는 박 교수님에게서 많은 것을 배웠습니다. 그 분의 우정 때문에 즐거웠고, 자신의 통찰력을 나누어 줌으로 말미암아 많은 유익을 얻었습니다.

진심으로 이 책의 출판을 축하드리며, 이 책이 따뜻한 환영을 받게 될 뿐 아니라, 한국 교회를 통해서 하나님을 찬양하는데 기여할 수 있기를 기도드립니다.

2000년 9월 29일
메이나르드 도 로 우.

차 례

축하의 글 -- 3

축사 --- 6

들어가는 말 -- 11

제1장 루터교 예배정신 --- 17

제2장 루터교 예배의 특징 -- 37
   1. 예전(의식)을 가진 예배 -------------------------------------- 39
   2. 전통을 유산으로 물려받은 예배 ------------------------------ 43

제3장 루터교 예배의식문 --- 45
   1. 한국루터교 예배의식문의 역사 -------------------------------- 47
   2. 한국루터교 예배의식문 -------------------------------------- 48

제4장 문답식 루터교 예배의식 해설 ──────────── 85
　1. 루터교 예배의식에 대한 외형적인 질문들 ────── 88
　2. 루터교 예배의식에 대한 내용적인 질문들 ────── 95

제5장 예배와 상징 ────────────────── 139
　1. 상징의 의미와 종류들 ──────────────── 141
　2. 기독교 신앙과 관련된 중요한 상징들과 그 의미들 ──── 144

제6장 예배와 예복 ────────────────── 163
　1. 기독교 예복의 기원과 목적 ──────────── 165
　2. 기독교 예복들 ──────────────── 166

제7장 예배와 교회력 ───────────────── 169
　1. 교회력의 구성 ──────────────── 172
　2. 교회력의 내용 ──────────────── 173
　3. 교회력의 색 ──────────────── 179

제8장 예배와 성구집 ───────────────── 183
　1. 성구집의 역사 ──────────────── 185
　2. 성구집의 내용 ──────────────── 189

마치는 글 ───────────────────── 204

들어가는 말

몇 해전 미국 미네소타주 세인트 폴에 소재한 루터신학대학원의 예배학 교실에서, 루터교 예배학의 저명한 교수인 몬스 테익박사는 "우리로 질문하게 해주십시오."라는 주제로 기도를 드림으로 강의를 시작하였다. 그때 필자는 새삼스럽게 많은 생각을 할 수 있었다. 진리를 찾아 헤매는 구도자에게 있어서 질문보다도 더 좋은 스승이 있을까? 하는 생각에서부터, 좋은 질문이야말로 우리들 삶에 생기와 의미를 불어넣는 도구가 아닌가 하는 깨달음 등이었다. 그렇다. 좋은 질문은 창조적인 생각은 물론이거니와, 단조롭고 무의미한 생활을 활력으로 가득 채워주는 큰 역할을 할 수 있는 힘이다. 그러나 우리의 현실은 질문이 없는 신앙과 생활에 만족하고 있는 것은 아닌지…

예배란 무엇이며, 예배는 꼭 드려야 하는가? 어떻게 드리는 예배가 가장 기독교적인 예배인가? 이렇듯 예배에 대해서 여러 가지 질문을 가져야 하겠고, 이와 유사한 질문들이 계속되어야 하겠다. 그런데 그 동안 우리들이 경험한 바에 의하면, 자신에게 길들여 있지 않은 낯선 예배에 대해서 대부분의 사람들이 가지는 질문은, 단순히 지적 호기심의 차원에 머무르거나, 아니면 처음부터 부정적인 차원에서 의심과 비판적인 막다른 골목으로 끌고 가는 것을 보아 왔었던 게 사실이다. 불행하게도 우리는 예배에 대해서 진지한 질문이 허락되지 않은 환경에서 살고 있었는지도 모른다. 그런 허락이 있었다면 오직 자신의 예배 경험과 같은지 다른지에만 관심을 갖도록 하는 굳어진 생각의 틀은 생기지 않았을 것이라고 믿기 때문이다. 그동안 우리 루터교회처럼 의식을 가진 예배에 참석한 다른 기독교 형제 자매들은, 마치 못 볼 것을 보고 기겁하였던 제사장과 레위인처럼 줄행랑을 치는 서글픈 뒷모습을 수 없이 보여주었던게 사실이다. 낯선 예배에 대해서 진지한 질문이 필요하다. 우리와 다르게 예배하는 사람들의 정신과 자세에서, 가장 성경적이고 가장 기독교적인 예배 내용이 무엇인가를 새삼스럽게 물어볼 수 있는 기회가 되어야 하지 않을까?

예배 드리는 일에 길들여진다는 것은 한편으로는 크게 빗나가지 않는 안전성과 편리성이 있다. 그러나 다른 한편으로는 타성에 젖기 쉽고 그 결과 의미 없는 형식주의에 빠질 위험도 있음을 알게 된다. 그래서 우리 기독교인들이 자신들의 예배 생활에 대해서, 자주 질문해 보는 시간을 가진다고 한다면, 본래 의도했던 경건하고 진실된 예배의 의미를 되살려 낼 수 있을 것이다. 예배 순서 하나 하나와 예배 내용에 대해서 진지한 질문을 가지고 있다고 한다면, 우리들이 드리는 예배는 하나님의 은총아래서 엄청난 감격과 기쁨을 누릴 수 있을 것이다. 의미 있는 예배 가운데서 하나님의 사랑과 능력의 역사는 반드시 나타날 것이기 때문이다.

『루터교 예배 이해』라는 제법 거창한 제목을 붙인 것은, 루터교 예배에 관심을 갖는 밖에 계시는 분들을 위해서 뿐 아니라, 루터교회 울타리 안에 계시는 분들을 위해서 호기심을 갖고 살펴보기를 바라는 뜻에서 붙인 제목이다. 루터교회가 개신 교회 가운데서 유일하게 전통적인 예배를 계승해 오고 있다는 것은 그 자체만으로도 큰 공헌을 한 셈이라고 자부한다. 루터교회의 예배에서 기독교 예배의 뿌리를 찾아 볼 수 있기 때문이다. 정신을 잃게 하도록 변화무쌍한 세상에서, 변하지 않는 그 무엇을 가지고 살아간다는 것은 얼마나 큰 위로요 기쁨인지, 삶이 고단해지면서 그 진리를 더 절절하게 배우고 있다.

필자는 이 작은 책에서 비중 있는 주제들을 너무 간략하게 취급하지 않았느냐는 질책을 면할 길이 없음을 느낀다. 제1장 [루터교 예배의 정신]이나, 제2장 [루터교 예배의 특징]은 좀더 심도 있게 취급해야 옳았기 때문이다. 그러나 제게 의뢰한 본 교단 예배분과위원회는 이 보다 훨씬 더 작은 분량의 내용을 요구하였었다. 글을 쓰면서 확대하는 일보다 축소하는 일이 훨씬 더 힘든다는 것을 배우고 있다. 비록 간단한 내용이지만, 읽는 이에 따라서는 더 깊고 넓게 찾아보는 계기를 만들어 줄 수 있다면 정말 다행이겠다. 그리고 제3장은 한국 루터교회가 사용하고 있는 두 가지 의식문을 소개하였는데, 하나는 전통적인 그레고리안 찬트로 된 예배의식문과, 다른 하나는 한국 가락으로 구성한 예배의식문이다. 예배의 토착화는 필연적인 현상이다. 그런 점에서 한국 가락으로된 예배 의식문에 대해서 많은 관심과 애정이 필요하다고 하겠다. 특히 제4장의 [문답식 예배의식 해설]은 평신도들로 하여금 자신들이 드리는 예배를 좀 더 의미있고 풍성하게 이해하도록 하려는 목적에서 준비한 내용들이다. 루터교회의 예배의식에 대해서 많은 질문을 받았던 것들을 중심으로, 외형적인 것들에 관한 것과, 내용적인 것들을 문답식으로 정리하였다. 특히 내용적인 것들은 Paul Z. Strodach의 An Explanation of the Common Service(1908)를 대본으로 해서, 한국 루터교회 예배의식서 1993년판에 맞도록 재구성하였음을 밝힌다. 앞으로 더 충실하고 적절한 책들이 나오리라고 기대하며, 그 때까지는 부득불 이 자료가 루터교회의 예배를 이해하는데 잠정적으로 도움이 되었으면 하는 생각이다. 제5장에서는 [예배와 상징]을 취급하였는데, 이는 이미 루터교회에서 오랜 생활을 하였고, 루터교 예배 의식을 처음부터 사용한 분들 뿐 아니라, 루터교회와 같이 전통적인 예배를 낯설어하고 염려까지 하는 분들을 위하여 준비하였다. 일반적으로 대부분의 개신 교회에서는 언어라는 수단을 통해서 예배를 드리고 있다. 그런데, 전통적인 예배에서는 상징 곧 말없는 언어를 상당히 많이 사용하고 있기 때문에 그것을 바르게 이해하는 일이 얼마나 어려운 일인지 모른다. 제6장은 [예배와 예복]을 다루었는데, 루터교회가 사용하고 있는 성직자나 예배 봉사자의 예복이 가장 기독교회적이고 오랜 연륜의 열매들인데도, 오히려 비기독교적인 예복에게서 푸대접을 받는다고 하면 얼마나 슬픈 일인가 말이다. 이런 저런 까닭에서 이런 예복의 내용과 의미를 알게 할 필요를 느꼈다. 제7장은 [예배와 교회력]을 소개하였는데, 다행히 한국교회가 교회력의 필요성을 절실히 느끼고 있는 상황에서, 본서가 일조할 기회가 되었으면 한다. 마지막으로 제8장에서는 [예배와 성구집](pericope)을 소개하였다. 성구집은 교회력과 함께 사용해야 하는 것인데도 불구하고, 아직은 깊은 관심이 없는듯해서 안타까움을 더하고 있다. 아무튼 이 모든 것들은 루터교회의 예배를 이해하는데 없어서는 안될 기본 요소들이라고 생각한다.

하나님께서 일하시는 방법은 사람의 생각이나 의논에 의해서가 아니라, 하나님 자신의 계획과 뜻대로 진행하심을 믿는다. "때가 차매" 성자 예수님을 세상에 보내시고, 세상을 죄와 죽음에서 구원하셨던 것처럼(갈 4:4-7), 지금도 여전히 같은 방법으로 일하심을 새삼 느낀다.

이책을 쓰도록 기회를 주신 기독교한국루터회 예배분과 위원회에 감사드리며, 품위있는 책이 되도록 디자인해 주신 컨콜디아 출판사의 유영탁

선생께 감사드린다. 특별히 이 지면을 통해 도로우 박사님과 이무열 박사님께 감사를 드린다. 이 두 분은 필자의 스승으로써 루터교회 예배에 대해서 눈을뜨게 해 주셨을 뿐 아니라, 예배에 더 깊은 관심을 가질 수 있도록 적절한 기회를 만들어 훈련시켜 주신 분들이기 때문이다. 좋은 스승에게 누가 되지 않기를 바랄뿐이다.

끝으로 꼭 하고픈 말 한 마디는, "이 작은 책이 우리들 예배의 주인이 되시는 하나님께 영광을 돌리는데 조금이라도 기여하는데 사용되기를 바랄 뿐이다."는 말이다.

종교개혁 483주년 기념일에
매봉산 기슭 목사관에서
박성완 목사

제 1 장
루터교 예배 정신

루터교 예배 정신

예배란 무엇인가? 예배라는 용어에서 살필 수 있는 대로는 예배란 마땅히 해야 할 "사람의 일"(레이뚜르기아)이며, "사람이 할 수 있는 가장 가치 있는 일"(워쉽)이다. 동시에 "하나님의 발밑에 엎드려 섬기는 일"(써비스) 이다. 루터교회에서는 예배를 "하나님께서 그리스도 안에서, 인생을 위해 놀라운 구원의 역사를 행하신 것에 대한 응답이다"라고 진술한다. 그러나 예배하는 목적이라는 넓은 의미에서 이런 진술들을 정리한다면, "천국을 향해 가는 성도들의 행진(삶)을 축소해 놓은 것"이라고 말할 수 있다. 그러므로 우리들이 매 주일 교회에서 드리는 예배란, 영원한 세계를 향해서 행진해 가고 있는 우리들 인생살이를 집약적으로 정리해 놓은 가장 작은 기초 단위가 된다고 말할 수 있다. 기독교 예배는 천국을 향해 행진해 가는 성도의 모습이다.

우리 인생이란 여러 종류의 삶으로 구별할 수 있겠지만 공통된 점이 있다면, 자신이 원하는 삶을 목표로 삼고서 투쟁하듯 살아간다는 사실이다. 저마다 자신이 가진 재능과 기회와 모든 노력을 쏟아 부으면서, 자신이 바라며 꿈꾸는 삶을 이루려고 한다. 그러다가 주일이 되면 교회에 가서 예배를 드린다. 물론 예배하는 사람들이 어떤 생각을 가지고 예배에 참여하고 있는지는 제 각기 다를 수 있다. 그러나 모든 예배자들이 예배를 통해서 기대해야 할 것은, 자신이 세운 인생 계획과 삶의 목표를 이루기 위한 수단으로써 하나님과의 교제가 아니라, 전혀 자신의 생각이나 꿈과는 다른 하나님의 말씀-성경적인 의미에서는 나와 다른 모든 인생들을 위해서 이미 준비해 두신-을 기대해야 한다는 점이다. 다시 말하면 인간에게서 출발한 목표와 계획이 아니라, 정 반대로 하나님께서 우리 인생을 위해서 예비해 놓으신 계획과 목표에 관한 말씀들을 기대해야 한다는 말이다.

그렇다고 한다면, 기독교인의 삶에 있어서 예배하는 일 보다도 더 진지하고 중요한 활동은 있을 수 없다고 하겠다. 가장 바람직한 삶의 목표를 향해서 살아갈 수 있는 기회가 예배이기 때문이다. 그래서 마침내 기독교인에게서 예배는 가장 중요하고 가치 있는 삶의 중심이 될 수밖에 없는 것이다. 이런 시각으로 예배를 생각해 볼 때, 예배는 단순한 일과성이거나 주례적(週例的)인 행사가 아니라, 예배하는 매 순간 순간이야말로 우리들 기독교인의 삶에서 가장 정제되고 순수한 종말론적 행동의 한 부분이라고 말할 수 있겠다.

루터교회의 예배 정신은 이와 같은 사상이 예배의 전체적인 흐름에서 잘 나타나 있다고 말할 수 있다. 그림1에서 알 수 있는 대로, 예배는 기독인으로 영원한 삶을 향해 순례자처럼 살아가는 가장 순수한 삶의 내용이다. 순례자의 행진으로써 예배는 다음과 같은 단계들을 거치도록 구성되어 있다.

한국 루터교회 예배 의식의 구성과 정신

죄의
고백과
용서
(요일 1:8-9)

모인다
준비

"두 세사람이 내 이름으로 모이는 곳에는 내가 그들과 함께 있느니라."(마18:20).
"'야훼여, 내 죄 아뢰옵니다.' 하였더니, 내 잘못 내 죄를 용서하셨습니다."(시편 32:5).

1. 찬송
2. 기도송(눅17:13)
3. 영광송(눅2:14)
4. 인사(룻2:4, 눅1:28)
5. 오늘의 기도

기도와
찬양

"하늘에 있는 자들과 땅에 있는 자들과 땅 아래 있는 자들로 모든 무릎을 예수의 이름에 꿇게 하시고, 모든 입으로 예수 그리스도를 주라 시인하여, 하나님 아버지께 영광을 돌리게 하셨느니라"(빌2:10-1)

6. 오늘의 교회력
7. 첫째 성서 봉독
8. 오늘의 시편
9. 둘째 성서 봉독
10. 찬양(성가대)
11. 복음서 봉독
12. 신앙고백
13. 찬송
14. 설교

하나님이
말씀으로
우리를
만나신다

"옛적에 선지자들로 여러 부분과 여러 모양으로 우리 조상들에게 말씀하신 하나님이, 이 모든 마지막 날에 아들로 우리에게 말씀하셨으니..."(히1:1-2a).
"예수께서 가라사대 오히려 하나님의 말씀을 듣고 지키는 자가 복이 있느니라 하시니라."(눅11:28).

15. 헌금
16. 봉헌 영가(시116:12-19)
17. 목회 기도(딤전 2:1-4)

응답

"그러므로 내가 하나님의 모든 자비하심으로 권하노니, 너희 몸을 하나님이 기뻐하시는 거룩한 산 제사로 드리라. 이는 너희의 드릴 영적 예배니라"(롬12:1)

18. 성찬의식
19. 거룩 거룩 거룩(사6:3)
20. 성찬기도, 제정의 말씀(고전11:23-26)
21. 주기도(마6:9-13)
22. 하나님의 어린 양(요1:29)

찬양과
기도

"시와 찬미와 신령한 노래들로 서로 화답하며, 너희의 마음으로 주께 노래하며, 찬송하며 범사에 우리 주 예수 그리스도의 이름으로 항상 아버지 하나님께 감사" 하라.(엡5:19-20)

23. 성찬 분배

하나님이
성찬으로
우리를
만나신다

"우리가 축복하는 바 축복의 잔은 그리스도의 피에 참예함이 아니며 우리가 떼는 떡은 그리스도의 몸에 참예함이 아니냐?"(고전 10:16)

24. 시므온의 노래(눅2:29-32)
25. 기도
26. 축도(민6:24-26)
27. 인사(눅7:50)

선교하기
위해
보냄 흩어진다

"예수께서 또 가라사대 너희에게 평강이 있을지어다. 아버지께서 나를 보내신 것 같이 나도 너희를 보내노라."(요 20:21)

그림 1

1. 순례로써 예배

1). 준비의 단계

'찬송'에 이어 '성 삼위 하나님'의 이름을 부르며 그 앞으로 나아감을 알린다. '죄의 고백'과 '사죄 선언'이 여기에 해당된다. 예배를 준비한다는 것은 중요한 일이다. 예배는 하나님을 대면하는 일이기 때문에 준비는 필수적인 일이다. 그렇다면 어떻게 준비하는 것이 합당할까? 우선 찬송을 부르며 하나님 앞으로 나가도록 구성되어 있다. 이 때의 찬송은 예배의 주인이신 하나님의 이름을 찬양하며 영광돌리는 내용으로, 성령께 도움을 청하는 정신으로 부른다. 하나님을 예배하는 일은 그가 누구이든지 합당한 사람으로 인정될 필요가 있다. 성경은 하나님 앞에 나가는 일의 두려움에 대해서 말씀하고 있다. 하나님을 찬양하고 영광돌리는 일은 모든 인간에게 주어진 거룩한 의무이지만, 누구에게나 허락되어 있는 것은 아니라는 말이다. 이른바 하나님께 용서받은 죄인들만이 하나님 앞에 나갈 수 있는 것이다. 그래서 예배 인도자는 예배 의식문에 따라서 하나님의 자비와 용서를 받을 수 있게 하기 위해서 죄를 고백하도록 권고한다. 예배자들은 마음 밑바닥으로부터 진실하게 자신의 죄악과 허물을 고백하며 용서를 구한다. 예배에 참석한 성도는 개인이면서 동시에 공동체의 한 사람으로서 죄를 고백하게 된다. 이 때, 회중은 '사죄 선언'이 끝날 때까지 무릎을 꿇는 전통이 있다. 하나님께서는 예배 인도자를 통해서 회중을 향해 죄를 용서하는 '사죄 선언'을 하신다. 전통적으로 '사죄 선언'을 한 후 인도자는 제단을 향해 돌아서서 "주여, 원컨데 이런 은혜를 저희들에게 베풀어주소서"라고 간구하는데, 회중은 "아멘"으로 응답하였다. 하나님은 회개하는 죄인들을 용서하시겠다고 약속하셨고, 이 귀한 직무를 교회에 위탁하셨다(마 16:19). '사죄 선언'은 하나님의 용서하심을 확신하는 성도들에게 죄에서 해방된 감격과 기쁨으로 하나님을 예배할 수 있게 된다.

2). 기도와 찬양의 단계

여기에는 '키리에' '대 영광송' '인사' 그리고 '오늘의 기도'가 포함되는데, "주여 우리를 불쌍히 여기소서. 혹은 키리에"라는 기도송을 제일 먼저 부르도록 되어 있다. 어떤 의미에서 예배의 첫 순서인 이 부분에서 '키리에'를 부르는 것은 의미있는 일이다. 모든 예배자들은 하나님의 자비하심과 불쌍히 여기심을 구하는 것은 매우 중요한 일이라고 믿기 때문이다. 이것이 '키리에'의 정신이다. 하나님 앞에서 우리들이 제일 먼저 할 수 있는 일은, 하나님의 자비를 구하는 일이다. 마치 절대적인 힘을 가진 왕앞에 엎드렸던 신하들처럼 말이다. 그러므로 우리가 '키리에'를 부를 때마다, 하나님의 자비와 불쌍히 여기심을 절대로 필요로 하는 우리 자신들임을 일깨워야 할 것이다. 그런 다음에 그 옛날 베들레헴의 천사들이 그리하였듯이 하나님의 영광을 찬양하는 '대 영광송'을 드린다. 이 영창은 모든 예배자들이 예배중 내내 하나님을 향할 때마다 가질 마음이기도 하다. 한 때는 대림절과 사순절 기간에는 이 '대 영광송'을 생략하도록 하였었다. 절기의 성격에 어울리지 않는다는 이유에서였다. 그러나 모든 주일은 작은 부활절이라는 신학적인 이해가 정립되면서부터, 1년 52주 주일 예배는 '대 영광송'을 반드시 부르도록 하고 있다. 심지어 성 목요일과 모든 축제일에도 이 영창은 불려진다. "하늘 높은 곳에는 하나님께 영광이요, 땅위에는 그의 기뻐하심을 입은 모든 사람들에게 평화로다." 이 노래는 우리가 사는 일생동안 한 순간도 잊어서는 안될 신앙고백적인 장엄한 주제를 가진 노래이다. 그리고 나서 '인사'를 나눈다. 하나님의 백성들 상호간에 나누는 가장 오래된 인사말이다.(삿 6:12, 눅 1:28) Collect라고 불리우는 '오늘의 기도'는 교회력에 따른 성문 기도인데, 교회력의 정신을 잘 반영하고 있는 짧으면서도 풍부한 의미를 담고 있는 예배 기도문이다. '오늘의 기도'는 완전한 마감 말, "유일하신 성부와 성령과 함께 영원히 살아계셔서 다스리시는 우리 주 예수 그리스도의 이름으로 기도하옵나이다."라고 되어 있다. 회중은 "아멘"이라고 화답한 후 자리에 앉는다.

3). 하나님께서 말씀으로 우리를 만나 주시는 단계

여기에는 '교회력에 대한 안내'가 있고, '시편'과 '세 개의 성경본문'(대체로 구약, 사도서간, 복음서)이 있으며, 성경 봉독 사이에 '찬양'이 있고, '신앙고백'과 '설교'로 구성된다. 예배의 첫 번째 크라이막스라고 할 수 있는데, 하나님께서 말씀을 통해서 예배하는 무리들에게 오시는 내용들이기 때문이다. 우선 예배 인도자는 교회력을 간략하게 소개한다. 교회력은 성도들의 신앙 생활을 안내하는 시간표로서, 신앙적으로 살아가야 할 가장 적절한 때를 확인시켜 주는 역할을 한다. 예를 들면 "오늘은 성령강림절후 스무째 주일입니다."라고 소개하였다고 한다면, 한 해가 서산에 기울어가고 있구나 하는 것을 알게 해 준다. 이제부터 네 주간만 지나면 1년의 마지막 주일인 [왕이신 그리스도의 날] 주일을 앞두고 있음을 말하고 있기 때문이다. 이어서 첫째 성서 봉독과 오늘의 시편, 둘째 성서봉독과 복음서 봉독, 이렇듯 세 개의 성경 본문을 듣게 된다. 예배에서 성경을 읽는 것은 가장 오래된 기독교 예배의 전통이었다. 유대인의 회당 예배에서 그 뿌리를 찾을 수 있다고 한다. 하나님은 기록된 말씀을 통해서 예배 가운데서 지금도 우리들에게 말씀하고 계신다. 초대 기독교회는 구약의 말씀과 함께 사도들의 서신들과 복음서를 차례로 읽었다. 이 세 성경 본문들은 교회력의 정신에 따라 서로를 조명하는 말씀들로 연관되어 있다. 복음서는 예수 그리스도 자신의 말씀과 삶을 증거하는 말씀이다. 구약성경은 이 예수 그리스도를 맞이하도록 예언된 말씀이기에, 구약성경의 조명이 없이는 복음서가 말하는 예수 그리스도를 바르게 이해할 수 없다. 사도서신들은 복음서의 예수 그리스도를 어떻게 믿고 살았는지에 대한 사도들의 증언들이다. 이렇듯 세 성경 말씀들은 서로 통일성이 있는 말씀들이다. 루터교회는 [마태의 해], [마가의 해], [누가의 해]라는 3년 주기의 성경읽기표(pericope)를 사용한다. 이런 성경읽기는 적어도 주후 4세기의 교부였던 어거스틴에게까지 거슬러 올라가는데, 그 때 매 주일 세 개의 성경 본문을 예배에서 읽었다는 것을 확인할 수 있다. 한 가지 아쉬운 것은, 아직 한국 교회에서는 전체 시편을 교독할 수 있도록 준비하지 못하고 있는 점이다. 더욱 안타까운 것은 세계 어디에서도 그 족보를 찾기 어려운 한국식 교독문이 있다는 점이다. 우선 시편 교독문도 취사 선택을 했다는 점이 문제가 되고, 다른 교독문은 아예 모자이크 식으로 이곳 저곳에서 인용하고 있다는 점이다. 가까운 시일에 시편 전체를 읽거나 노래할 수 있는 그런 날이 오기를 기도한다. 그 다음 순서인 '찬양' 들이나 '신앙고백'은 이런 귀한 말씀을 하시는 하나님께 영광과 찬송을 드리는 예배자들의 화답이다. 그런 다음에 설교자는 성경속에서 말씀하시는 하나님의 뜻을 예배자들의 삶속에 살아 계시도록 선포하는 설교를 한다. 설교는 하나님의 말씀인 성경을 예배자들이 이해할 수 있고 깨달을 수 있도록 해석할 뿐 아니라, 그들의 삶에서 적용하며 살아갈 수 있도록 격려하고 결단하게 한다. 설교자가 설교를 시작하면서 "성부와 성자와 성령의 이름으로. 아멘."을 하는데, 이것은 오래된 교회의 관습이다. 이 말을 하는 동안에 설교자는 십자가 성호를 자기 자신에게 긋는다. 설교를 마친 후에는 설교후의 축도인 보툼(votum-하나님의 평화라는 뜻)을 한다. 이 축도는 빌립보서 4:7의 말씀에서 유래한 것이다.

4). 생명의 양식으로 먹여 주신 하나님의 은총에 대한 반응으로 응답의 단계

여기에는 '헌금 봉헌'과 '봉헌 영가' 그리고 '목회 기도' 혹은 '교회를 위한 기도'가 있다. 모든 기독교회의 예배는 하나님께서 베푸신 은총에 감사하는 순서를 두고 있다. 우리의 모든 삶이 하나님의 은총아래서 살아온 것임을 확인하며 표현하는 기회가 되기 때문이다. 감사의 봉헌은 역사적

으로 볼 때, 오늘날 처럼 헌금이 아니라 헌물이었다. 그리고 특이한 것은 그 날 성찬 예배에서 사용하게 될 떡과 포도주를 제단 앞으로 나아가서 함께 드렸다는 점이다. 가난한 이웃들을 구제하는 일과 성직자들의 생활을 돕기 위해서 직접적으로 사용될 수 있는 것들이었다. 이렇듯 하나님께 드리는 봉헌은, 단순히 제단 앞에 드리는 물질만이 아니었다. 예배자들의 몸과 마음을 함께 드리는 일이었다. 예배자들이 제단 앞으로 나갈 때 '봉헌 영가'가 불려졌다. 이어서 예배 인도자는 '일반 기도' 혹은 '목회 기도'를 드린다. 드려진 물질에 대한 기도가 아니라, 말씀과 성례전으로 우리에게 오시고 축복하시는 하나님의 은총에 대한 감사를 비롯해서, 나라와 민족, 병든 자와 힘들게 살아가는 이웃들을 위해서, 그리고 믿음의 가정들과 젊은이들, 교회의 여러 가지 활동들을 위해서 하나님께 간구하는 것이었다.

5). 찬양과 기도의 단계

말씀의 예배에서 다락방의 예배(성찬으로 드리는 예배)로 옮겨가는 준비 단계라고 할 수 있다. 여기에는 '인사'와 '성찬 예배에 대한 서언', '삼성창'(거룩송)과 '성찬 제정의 말씀', 그리고 '주기도'와 '평화의 인사' 마지막으로 '하나님의 어린양'이란 영창으로 구성되어 있다. 특히 '성찬 제정의 말씀'은 단순히 주님께서 성찬을 제정해 주셨던 역사적 사실을 회상할 뿐 아니라, 물질을 성별하는 중요한 순서라는 점을 알아야 한다. 나무로 만든 탁자가 일반인의 가정에서는 평범한 식탁으로 사용될 것이다. 그러나 이 식탁이 교회의 제단으로 사용될 때는 더 이상 평범한 식탁이 아니라, 성별된 식탁(제단)이 되는 것이다. 이와 마찬 가지로 평범했던 떡이 성만찬으로 사용되기 위해서 성별될 때, 더 이상 평범한 떡이 아니라, 주님께서 약속하신 말씀("너희를 위해 주는 내 몸이라")에 의해 구별된 떡이 된다는 것이다. 다음으로 '주기도'를 드리는데, 주기도는 가장 완전하고 모범적인 기도문으로, 모든 예배에서 반드시 드리도록 권장하고 있다. 성찬에 참예하기 위해서 드릴 가장 적절한 기도가 될 것이다. '평화의 인사'(pax)를 하는 것은 성찬에 참예하기 전에 성도들 사이에 화해하는 의식으로, 성찬안에서 하나가 될 성도들이 먼저 화해의 인사를 나누는 것이 순서이기 때문이다. 그리고 나서 '하나님의 어린 양' 이란 영창을 부른다. "세상 죄를 지고 가는 하나님의 어린 양"을 성찬에서 만나게 될 것을 고백하며 감사드리는 찬양이다.

6). 하나님께서 성찬으로 우리를 만나시는 단계

여기에는 '성찬 분배'와 '성찬 분배후의 축도'가 있다. 루터교회는 매주일 성찬 예배를 드리기를 권장한다. 그것은 초대 교회 이래로 가장 소중하게 지켜온 예배 전통이며 유산이라고 믿기 때문이다. 바울이 세웠던 교회나 사도 행전의 교회는 한결 같이 주일이 되면 성찬 시행에 대한 주님의 명령을 기억하면서 이 예식에 참예한다. 우리는 성찬에서 하나님의 사랑을 구체적으로 확인한다. 설교를 귀로 듣는 말씀 혹은 선포된 말씀이라고 한다면, 성찬은 입으로 먹는 하나님의 말씀이다. 성찬에 참예하기 위해서 성도들은 제단 앞으로 나오도록 초청한다. 그리고 "받아 먹어라. 이것은 주님의 몸이라. 받아 마시라. 이것은 주님의 피라."는 말씀과 함께 떼어 주는 떡과 잔을 "아멘."이라고 응답하며 먹는다. '성찬 분배'가 끝난 후에는 모든 수찬자들을 일어서게 하고 성찬 후의 축복을 선언한다. 이 때 예배 인도자는 십자가 성호를 그을 수 있다.

7). 파송의 단계

'시므온의 노래'와 '감사 기도' 그리고 '축복 선언'과 '파송의 인사'가 있다. 성찬을 받은 사람들은(수찬자) 구약에서 예언되었던 메시야이신 예수님을 일 평생 기다렸다가 만난 시므온의 마음을 가지도록 권고한다. 아마도 모든 수찬자들은 시므온과 같은 심정을 노래하지 않고는 견딜 수 없을 것이다. 그러면서 동시에 그의 소원처럼 "이제는 종을 평안히 놓아달라."고 기도할 수 있게 되었다. '성찬에 대한 감사 기도'를 드린 후, '축복 선언'(축도)에 머리 숙인다. 루터교회는 전통적인 축복 선언을 선호한다. 곧 '아론의 축도'인데, 민수기 6:22-27에 분명하게 명시된 가장 대표적인 축복 선언이다. 이른바 한국 교회에서 사용하고 있는 유일한 축도인 '사도의 축도'는 그 원형이 고린도 후서 13:13에서 찾을 수 있다. 물론 루터교회에서도 '사도의 축도'를 사용하는데, 성찬이 없는 예배나 기도회에서는 즐겨 사용한다. 마침내 '파송의 인사'를 나눈다. "이제는 평안히 가십시오. 그리고 주님을 섬기십시오."라고 인도자가 말하면, "하나님께 감사드리세."라고 회중이 응답한다. 이렇게 예배의 대 단원은 끝이 난다.

하나님의 백성인 기독교인들은 예배를 통해서 하나님과 이웃을 만난다. 말씀과 성례전속에 나타나신 하나님의 임재를 함께 경험하며, 함께 감사와 찬송의 제사를 드린다. 이것은 단절된 주례적인 의식이 아니라, 일생을 통해 계속해서 일어나는 구원의 사건이 된다. "말씀이 선포되고 성례전이 거행되는 곳에, 예수님의 구원사건이 실제적으로 재현된다."

2. 하나님과 대화로써 예배

루터교회의 예배는 영원한 세계를 향한 순례로써의 예배일 뿐 아니라, 하나님과 대화적인 예배라고 가르친다. 예배는 예배자와 하나님 사이의 교제이다. 그러기에 이런 기독교 예배는 자연히 대화적인 방법을 가지고 있어야 한다. 원래 대화란 일방 통행식이 아니라, 양방 통행식을 말하는 것이기에, 이런 대화에는 일정한 방식이 필요하다. 그것도 많은 공동체가 하나님을 상대로 하는 대화일 경우에는 더욱 그런 방식이 요청된다고 하겠다. 그것을 루터교 예배에서는 성례전적인 내용(하나님께서 예배자들에게 오시는 부분)과 제사적인 내용(예배자들이 하나님을 향해 드리는 부분)의 교제라고 부른다. 그러므로 가장 훌륭한 예배란 성례전적인 내용과 (하나님의 오심), 제사적인 내용(예배자가 하나님께 나아감)이 균형 잡혀 있을 때라고 말할 수 있다. 초기 루터교회의 예배는 이런 대화적인 균형을 위해서 많은 관심을 가졌었다. 그러나 바쁘게 살아가는 현대인들의 형편에 의해서 중심 골격이 훼손되지 않는 범위에서 생략된 부분들이 있음을 이해해야 하겠다.

1). 제사적인 내용(Sacrificial Elements)

루터교회의 예배에서 예배 인도자가 방향을 자주 바꾸는 것을 볼 수 있는데, 그것은 제사적인 내용을 진행하고 있을 때는 제단을 향해서 방향으로 돌리고, 성례전적인 내용을 진행할 때는 예배하는 회중을 향해서 방향을 돌리기 때문이다. 제사적인 내용은 예배자들이 하나님께 바치는 것들로, 찬송, 기도, 영가, 신앙고백, 봉헌 등을 말한다.

이와 같이 제사적인 내용에 참예할 때는 예배 인도자는 말할 것도 없거니와 모든 회중들 역시 하나님을 향해서 바치는 내용이라는 정신을 가져야 한다. 가령, 찬송을 부를 때 이 노래는 하나님께 바치는 노래라는 믿음으로 드려야 한다는 말이다. 그래서 하나님께 드릴 찬송은 심사숙고해서 선별되어야 하고, 잘 훈련된 가운데서 불러야 한다. 그리고 무엇보다도 예배하는 사람 자신이나 혹은 회중들을 위해서 부르는 노래라는 생각을 품어서는 안된다. 바로 여기에서 이 찬송이 전체 회중의 마음을 묶어서 드리는 노래가 될 이유가 있다. 왜 예배 인도자나 특별한 사람이 음향기기를 사용해서는 안되는지, 그리고 자기 자리에서 겸손하게 노래해야 하는 까닭을 알 수 있다. 하나님께서 받으시는 기쁜 찬송은 온 예배자들이 한 작은 하나님의 자녀의 신분에서 겸손하게 노래하기를 기뻐하시기 때문이다.

　기도 역시 제사적이다. 예배에서의 기도는 많은 주의가 필요하다. 어떤 종류의 기도를 하든지, 그 기도는 하나님께 바치는 내용이라는 점을 잊어버려서는 안된다. 기도를 훈화나 설교 쯤으로 생각하는 사람들이 있는가 하면, 소위 '주 삼창' 등 하나님을 귀머거리 쯤으로 오해하는 사람들도 있다. 그러나 무엇 보다도 중요한 것은 기도가운데 하나님께 바치는 제사적인 요소가 있어야 한다는 점이다. 좋은 예로 다윗의 기도(시 51:10-11)를 들어 보자. "하나님이여 내 속에 정한 마음을 창조하시고, 내 안에 정직한 영을 새롭게 하소서. 나를 주 앞에서 쫓아내지 마시며, 주의 성신을 내게서 거두지 마소서." 하나님의 자비와 은총에 전적으로 위탁하는 겸손한 기도가 아닌가? 루터는 그의 [소교리 문답서]에서 기도에 대해서 잘 가르쳐 주었다. "우리들의 구원에 필요한 영적 축복을 위하여 기도할 때에는 무조건하고 구할 것이며, 다른 은사를 위하여 기도할 때에는 '만일 하나님의 뜻이면 이를 허락하여 주소서.'라고 간구할 것입니다."

　봉헌 역시 제사적인 내용이다. 하나님의 은총을 생각하는 사람들에게서 감사의 봉헌은 극히 자연스러운 행위이다. 초대 교회 이래로 예배가 시행되는 곳에서는 항상 봉헌의 순서가 있었다. 예배를 드릴 수 있음은 물론이거니와 항상 하나님의 은총 아래서 살아왔다는 고백에 진실했기 때문이다. 그래서 이런 봉헌하는 마음을 분명히 표현하기 위해서 예배자들은 예물을 손에 들고 제단앞으로 행진해서 나갔다. 그리고 준비된 바구니에 예물을 정성껏 바쳤다. 현대 교회에서는 예물 대신에 헌금을 드리고 있다. 사람들의 삶의 내용이 달라졌기 때문에 자연스러운 변화라 할 것이다. 그러나 중요한 것은 감사의 봉헌이 헌금 그 자체에서 머물러 있어서는 안되겠다는 점이다. 헌금뿐 아니라, 우리의 삶 전체를 제단 앞으로 나가서 주님께 바친다는 그런 마음 가짐이 있어야 한다는 말이다.

2). 성례전적인 내용(Sacramental Elements)

제사적인 내용과는 달리 예배 인도자가 회중을 향해 있는 자세를 말하는데, 이는 하나님께서 그의 종인 목사를 통해서 우리들 가운데 임재하고 계시다는 것을 상징적으로 표현하는 방법이다. 성경 봉독, 설교, 성찬 제정의 말씀과 성찬 분배, 그리고 축복 선언 등은 하나님께서 예배 가운데서 우리들에게 오시는 내용들이다.

성경 봉독은 하나님의 기록된 말씀을 듣는 일로, 하나님의 임재를 가장 구체적으로 보여주는 내용이다. 오래 전부터 유대인들은 성경 말씀(구약의 율법서나 예언서)이 큰 소리로 읽혀질 때, 손을 들고 몸을 굽혀 "아멘." 이라고 화답하였다. 하나님께서 말씀으로 그들 가운데 오심을 믿었기 때문이다. 그러나 기독교회의 2천년 역사 중 적어도 1,500여년은 회중들이 알아들을 수 없는 성경 말씀이 교회안에서 읽혀졌었다는 사실을 기억해야 한다. 소수의 엘리트 그룹만이 알 수 있는 라틴어 성경을 교회가 읽었기 때문이다. 그러나 이 문제를 심각하게 받아들이기 까지는 너무 긴 세월이 흘렀다. 마침내 종교 개혁자 말틴 루터가 독일어 성경을 번역해서 독일 교회에서 분명하게 읽혀진 이래로, 킹제임스 역본(영어) 한국어 역본 등 지금은 적어도 수천 가지 방언으로 성경이 읽혀지고 있는 것은 얼마나 큰 은총인지 모른다. 특히 루터교회는 복음서를 봉독할 때는 모든 회중이 자리에서 일어나서 듣는다. 까닭은 주님의 말씀과 행적을 읽을 때 교회는 존경과 감사의 표시로 일어나서 들었던 전통이 있었기 때문이다.

설교 역시 성례전적인 내용이다. 설교자는 하나님의 말씀을 전달하는 사자(使者)이다. 설교자는 성경말씀에 대한 자신의 이해나 혹은 자신의 주장을 하기 위해서 강단에 세워진 것이 아니라, 하나님의 뜻과 명령을 충실하게 전달하기 위해서 세워진 사람이다. 적어도 설교자가 하나님의 말씀을 바르게 선포하는 한에 있어서, 그 설교는 하나님의 선포된 말씀이다. 설교를 케리그마라는 말로 부르기도 한다. 헬라어로 선포라는 말인데, "설교란 예수 그리스도 안에 나타난 하나님의 사랑을 선포하는 것"이기 때문이다. 그러므로 설교자는 "하나님의 말씀을 하나님의 말씀으로 선포할 책임과 사명이 있다." 이런 사명에 충실하는 한 그 설교자는 위대한 하나님의 사자가 된다. 그러나 반대로 아무리 유익하고 재미있는 설교라고 하더라도 거기에 하나님의 뜻과 사랑에 초점을 두지 못한다고 하면, 좋은 강연과 연설은 될지 몰라도 절대로 설교는 되지 못한다. 회중은 설교를 통해서 살아 계시는 하나님의 음성을 들어야 한다. 루터교회 설교의 특징은 예수 그리스도 중심적이라는 점과 율법과 복음의 상호 관련성을 잘 밝히는 점, 그리고 교회력이 안내하는 성구집(pericope)을 따라 성경 본문을 택한다는 점 등을 들 수 있다.

성례전 또한 성례전적인 내용이다. 루터교회에서는 세례와 성만찬 만을 성례로 고백한다. 하나님은 세례와 성만찬을 통해서 우리 가운데 임재하신다. 로마 가톨릭 교회 등 구 교회에서는 7성례를 주장하는데, 루터교회가 세례와 성만찬만을 성례로 주장하는 이유는, 구원의 신학과 직결되는 것이 성례인데, 본질적으로 구원이란 인간의 행위에 의한 것이 아니라, 전적으로 하나님의 역사라고 믿기 때문이다. 성례가 될 수 있기 위해서는 두 가지 조건이 충족되어야 하는데, 하나는 하나님께서 제정하시고 명령하신 것인가(Madatum Dei)이며, 둘째로는 복음의 약속이 있는가(Promissio Evangelium) 이다. 세례와 성찬을 제외하고는 다른 5가지 성례라고 주장하는 것들은 이 조건에 해당되지 않기 때문에 루터교회를 비롯 모든 개신교 회에서는 인정하지 않고 있다. 루터는 그의 『교회의 바벨론 포로』라는 논문에서, 세례와 성만찬이 하나님께서 믿음의 사람들에게 주신 약속임을 밝히고 있다. 그리고 "너희는 가서 세례를 주라", "이를 행하여 나를 기념하라"고 명령하고 있음을 확인하였다. 세례와 성찬은 기독교회의 구원에 있어서 직접 관련이 있는 하나님의 행위이다. 세례를 하나님의 백성으로 입회하는 의식이라고 말하는 것은 적절하다고 하겠다. 그러므로 세례는 반드시 예배 가운데서 시행하는 것이 정당하다. 물론 임종과 같은 자리에서 시행하는 등 예외가 있을 수 있다. 마찬 가지로 성찬은 예배 가운데서 거행해야 한다. 모든 예배자들은 "이것은 주님의 몸입니다. 이것은 주님의 피입니다."라는 집례자의 선언을 듣고 떡과 잔을 대해야 한다. 성찬을 통해서 우리는 하나님께서 우리 인생들을 위해서 하신 위대한 구원 행동인 것을 알고 받아야 하기 때문이다.

마지막으로 축도, 혹은 축복의 선언은 성례전적인 내용이다. 우리 한국 개신교회에서는 축도라는 용어를 사용하기 때문에, 자칫 축복을 위한 기도로 이해하는 현상임을 지적하지 않을 수 없다. 그래서 이런 류의 축도를 보면, 그 말미에 "……… 예수 그리스도의 이름으로 축원하옵나이다."라고 하거나, "…… 기원하옵나이다."로 되어 있다. 그러나 이것은 엄청난 곡해인 것을 알아야 한다. 우선 용어를 바로 잡아야 하는데, '축도'라고 하기보다는 '축복 선언'이라고 하는 것이 옳다. 이 순서는 하나님께서 예배자들에게 베풀어 주시는 은총의 선포이기 때문이다. "나의 축복을 받으라."는 선언이라는 말이다. 이런 신학적인 배경은 민수기 6장 22-26절에서 찾을 수 있다. 하나님의 백성들에게 축복을 선언, 혹은 선포하도록 명령하셨고 그 말미 역시 선언적인 표현이다. 이 점에서는 사도의 축복 선언인 고린도 후서 13:13도 예외가 아니다. 기원 형식 문구가 아니라, 축복 선언 문구라는 말이다.

기독교 예배는 일방 통행식이 아니라, 양방 통행식인 대화적인 예배이다. 그 점을 루터교회 예배는 제사적인 내용과 성례전적인 내용으로 잘 구성하고 있다고 하겠다. 구체적인 순서 하나 하나에 대해서 검토하게 될 때, 이런 대화적인 구성을 잘 확인할 수 있을 것이다.

3. 은총의 방편으로써 예배 구조

루터교회의 의식 예배는 말씀의 예배와 다락방의 예배로 구성되어 있다. 물론 이것은 초대 교회 이래로 예배를 구성하는 두 요소였다. 그러나 루터교회는 예배를 은총의 방편인 말씀과 성례전으로 이해하려는 데 초점을 둔다. 성경이 가르치는 대로 우리들 인간이 하나님의 은총을 받는 유일한 방법은, 말씀과 성례전이라는 수단을 통해서이다. 다시 말하면 하나님께서는 말씀과 성례전이라는 통로를 통해서 우리 인간들에게 자신을 나타내시고, 마찬가지로 우리 인간들은 이 두 가지 수단을 통해서만 하나님을 만날 수 있다는 말이다. 루터교회에서는 이것을 은총의 방편이라는 신학 용어로 설명하고 있다. 그래서 매 주일 예배는 이 두 가지 은총의 방편들에 초점을 둔 예배를 드린다.

우선 말씀의 예배가 있다. 기독교 예배가 다른 종교와 근본적으로 그 궤를 달리하는 요소가 바로 여기에 있다고 하겠는데, 가령 기도에 대해서 예를 들어 보자. 모든 종교가 기도생활에 많은 관심을 보이는데, 기독교회 역시 예외는 아니다. 그러나 분명히 타 종교와 구별되는 점은, 기독교회의 기도는 성경이 가르치는 규범에 제한되어 있어야 한다는 것이다. 여러 종류의 기도가 있을 수 있다. 탄원의 기도나 감사의 기도가 있을 수 있다. 탄식의 기도나 위로의 기도도 드릴 수 있다. 그러나 기독교회가 드려야 할 기도는, 모든 기도가 성경에 조명을 받아야 올바른 기도가 될 수 있다는 말이다. 루터는 이런 기독교회의 기도를 그의 『소교리 문답서』에서 잘 설명하였다. 곧, 영적인 축복을 위하여 기도할 때는 무조건 구하라고 하였으나, 그 외의 다른 은사를 구할 때에는 "만일 하나님의 뜻이면 이를 허락하여 주소서."라고 기도하라고 하였다(눅 22:42, 마 8:2, 요일 5:14). 이렇듯 기도 생활을 포함한 모든 기독교회의 신앙의 근거는 사람들의 경험이나 이해에 바탕을 둔 것이 아니라, 오직 하나님의 말씀위에 서 있어야 한다는 점이다. 이런 점에서 설교도 예외는 아니다. 기독교회의 설교가 참된 설교로 인정받고 제 역할을 다하기 위해서는, 그 설교가 철저하게 성경적이어야 하고, 그리스도 중심이어야 할 때이다. 예배의 모든 순서 하나 하나가 성경 말씀의 정신과 빛에서만 의미를 가질 수 있도록 하였다.

다락방의 예배는 좀더 특별한 역사를 가지고 있다. 말씀의 예배가 원하는 모든 사람들에게 허락된 예배라고 한다면, 다락방의 예배는 기독교에 입교한 사람, 세례를 받은 사람들에게만 제한 되었다고 하는 점이다. 어떤 의미에서 보면 교회에 소속되어 있는 참된 기독교인들만의 예배라고 할 수 있다. 그래서 초대 교회 이래로 다락방의 예배는 일반인들을 다 내 보낸 후에 교회 문을 걸어 잠그고, 문지기까지 두어서 엿듣지도 못하게 한 가운데서 드렸다. 그 까닭은 성례전이 갖는 의미가 문외한들에게 훼손되지 않도록 하기 위함도 있지만, 그런 성례전은 주님의 제정과 명령이며 동시에 구원의 약속이 들어 있기 때문이다. 로마 가톨릭 교회는 성찬이 있는 예배 곧, 미사를 중요하게 여겼다. 그리고 설교가 있는 말씀의 예배 보다는 성찬으로 드리는 다락방 예배를 더 중요시했다. 여러 가지로 해석할 수 있을 것이다. 그러나 한 가지 이해할 수 있는 것은, 말씀의 예배에서 하나님의 은혜를 받지 못할 경우가 있다는 것을 인정할 때, 다락방의 예배에서는 언제든 하나님의 은혜를 받을 수 있기 때문이 아니었을까 한다. 설교가 하나님의 말씀이 되지 못할 때가 있다. 설교자의 인간적 주장이 너무 커서 하나님의 모습이나 뜻이 가리워질 때가 있을 수 있다. 또는 설교자가 준비가 부실하여서 제대로 하나님의 뜻을 드러내지 못하고 마는 경우도 생각할 수 있다. 그 밖에도 설교자가 하나님의 권세를 대변하지 못하고, 사람의 생각과 생활 언저리를 맴돌다 마는 경우 등, 설교가 제 빛을 드러내지 못할 때를 너무 많이 인정한 것이 아닐까 한다. 그러나 세례나 성찬은 그 자체가 하나님의 은총의 시작이다. 집례자가 누구이든지 간에 상관없이, 참예하는 사람이 누구든지 간에 관계없이 그들은 하나님의 은총을 받고 있기 때문이다. 성경은 성례전을 통한 하나님의 은총을 분명히 약속해 주셨기 때문이다.

제 2 장
루터교 예배의 특징

루터교 예배의 특징

루터교회의 예배를 의식예배니 전통적인 예배니 하는 말로 특징을 얘기한다. 둘다 맞는 말이다. 예전(의식)을 가지고 있고, 전통적인 내용과 방식을 지키고 있는 점에서 그렇게 말할 수 있다. 그러나 이런 말은 루터교회의 예배를 외형적인 면에서 두고 하는 말이다. 루터교회의 예배는 가장 기독교적이라고 말하는 것이 옳다고 하겠다. 그것은 루터교회의 예배야말로, 가장 성경적이며 가장 기독교 역사를 잘 계승해 오고 있기 때문이다.

이 항에서는 루터교회 예배의 외형적인 특징에 대해서 살펴보려고 한다. 내적인 이해는 제4장에서 자세히 취급될 것이다.

1. 예전(의식)을 가진 예배

예전(의식)이라는 말은 외형적으로 일정한 절차와 형식을 가지고 있는 것을 두고 하는 말한다. 예배에서는 적어도 다음과 같은 세 가지 구성요건을 갖추고 있을 때 의식 예배 혹은 예전적 예배라고 할 수 있다. 첫째는 순서(Order)요, 둘째는 의식이며(Ritual) 셋째는 예식(Ceremonial)이 그것들이다.

세퍼드 교수의 진술로 이를 설명하면, 첫째로 예배에서 순서는 예배가 공동체적인 활동이 되게 하는데 있어서 필수적인 내용으로, 예배의 구조나 형식에 해당된다. 예배에서 순서는 예배에 참가하는 모든 사람들로 하여금 한 마음으로 예배에 참예할 수 있도록 준비하게 하고, 실제로 예배드리는 전체적인 내용을 알려주는 역할을 한다. 예배가 공동체의 행위가 되도록 하려면, 일정한 순서가 갖춰지지 않을 수 없다. 그리고 모든 예배의 순서는 적절한 관련성이 있어야 한다. 예를 들면, 하나님의 은총을 구하기 전에 하나님과 바른 관계가 되어있는지를 살펴보아야 한다. 다시 말하면 회개와 용서의 순서가 없이 예배를 드리는 것이 적절하지 않다는 말이다. 또한 설교를 하기 전에 그 설교의 본문을 읽는 것이 적절한 순서가 될 것이며, 봉헌을 하고 제단에 드리면서 봉헌 영가를 부르는 것이 적절한 순서가 된다. 성찬을 받기 전에 성찬제정의 말씀이 선포되고, 성찬에서 사용될 떡과 잔이 축성되어야 적절한 순서가 된다. 장중하고 은혜로운 예배는 반드시 적절한 순서로 진행되는 예배가 되어야 할 것이다. 반대로 순서가 뒤섞여 있는 예배들은 난잡하고 무질서하다는 인상을 갖게 할 것이다. 가령 예배 내용 가운데 광고시간을 갖는 경우는 순서상으로 질서에 문제가 있다. 가령 어떤 교회의 예를 들면, 은혜스럽게 설교가 끝이 났는데, 아직 결단과 새로운 각오를 갖기도 전에, 예배의 흐름과는 전혀 다른 우스꽝스러운 광고를 듣게 되었다고 하자. 예배 분위기의 연속성은 말할 것도 없고, 예배의 내용에 있어서 통일성에 심각한 문제가 생길 수밖에 없다고 하겠다.

다음으로 의식 예배가 되기 위해서는 의식적(Ritual)이어야 하는데, 대부분의 예배의 내용이 음성으로 표현하도록 되어 있어야 한다는 말이다. 루터교회의 예배는 말로 외우거나 노래로 부르는 내용으로 구성되어 있다. 힌두교도나 퀘이커 교도들에게서 볼 수 있듯이 침묵의 예배가 아니라는 말이다. 물론 가톨릭에서도 여전히 이런 침묵의 예배가 있어서, 사제와 회중 사이의 의사소통에 어려움이 있는 것은 사실이지만, 다른 방법으로 하나님의 말씀을 전달하기 때문에 하나님의 임재를 느낄 수 있다고 주장한다. 그러나 기독교회의 예배는 예배자들이 의미가 있는 말과 노래로 하나님과 교제해야 참다운 예배라고 믿고 드려왔다. 이런 의식은 여러 가지 방법으로 표현된다. 기도의 형식이나 설교 혹은 찬송과 고백 등이 그렇다. 이런 방법들은 표현상 차이는 있지만, 동일한 음성으로 표현되고 있다는 점에서는 의식적(Ritual)인 형식을 갖고 있다. 중요한 것은 노래로 부르든 말로 하든, 전달하려는 것은 기독교 신앙의 진리라는 점이다. 특히 예전적인 예배에서 음악의 역할은 비중이 높다고 여겨져 왔다. 음악은 희로애락과 같은 인간의 감정과 정서를 표현하는데 있어서 가장 자연스럽고 적절한 표현 수단이기 때문이다. 뿐만 아니라, 음악은 예배드리는 공동체를 하나로 묶어 주는 놀라운 힘을 가지고 있는 점을 간과할 수 없다. 또 하나 살필 수 있는 것은, 의식적 부분으로써 예배가 노래로 하든 말로 하든 전적으로 그 예배 공동체의 취향과 음악적인 능력에 따라 다를 수 있으나, 고대 기독교회의 관습은 노래로 예배하는 것이 표준이라고 하는 점이다. 기록에 의하면 예배에서 노래를 대신해서 말로 사용하게 된 것은 중세 라틴 교회에서부터라고 한다. 여러 가지 현실적인 이유가 있어서라고 하는데, 작은 지역 교회들이 생겨나면서 예전을 노래로 진행할만한 성가대의 자원이 부족했다는 것과, 제대로 훈련받지 못한 성직자의 양산에서도 문제가 생겨나게 되었기 때문이라고 한다. 지금도 유럽과 미국의 고전적인 교회의 예배는 사회자가 드리는 기도를 포함해서 모든 순서가 노래로 불려지는 전통이 유지되고 있는 것은 드물지 않게 볼 수 있다.

마지막으로 예전적인 예배가 되기 위해서는 예식적(Ceremonial) 요소가 있어야 한다는 점이다. 예식이란 예배에서 필요한 모든 행동, 몸짓, 도구,

상징들이 의미있고 적절하게 사용되어야 한다는 점이다. 예배가 그 본래의 목적을 수행하기 위해서는 효과적이고 경건한 예절이 뒤따르지 않으면 안될 것이다. 제단을 향하여 행진하는 예배 인도자의 자세나, 성찬을 베풀 때의 예배 봉사자들의 동작들, 성호를 긋거나 축도 하는 손들과 같이, 예배의 전 과정에 포함되는 모든 행동들이, 정제된 자세로 진행되어야 한다는 말이다. 수도원을 방문한 사람들은 그곳 수도사들의 걸음걸이 하나 하나에서 그들의 삶이 얼마나 절제된 것인지, 또한 그들의 생활 규약과 어떻게 일치한지를 알 수 있게 한다. 목은 겸손을 나타내듯 약간 숙이고, 두 손은 긴 장백이 주머니에 가볍게 넣은채로며, 서두르지도 느리지도 않은 확신에 찬 걸음에, 작은 목소리로 찬송을 부르거나 기도문을 외우며 걸어가는 모습을 상상해 보면 이해가 가리라 생각한다. 이렇듯 기독교회의 예배는 예배를 인도하는 성직자의 행동만이 아니라, 예배드리는 회중들의 행동까지도 적절해야 한다. 한 마음이 된듯같은 속도와 높낮이가 일치된 목소리로 신앙고백을 한다든지, 복음서를 듣기 위해서 조용히 자리에서 일어서는 일, 성찬을 받기 위해 겸손히 머리를 숙여 답례하는 행동들은 잘 훈련되지 않는다면 자칫 무질서해지고, 어수선한 분위기가 될 수밖에 없을 것이다. 그 밖에 예배의 보조 자료들이라고 할 수 있는 것들, 예배당의 여러 기물들, 교회당의 구조들, 예배를 섬기는 제단 봉사자들의 예복들은, 비록 차이는 있으나 결코 이질적이 아니라 기독교 신앙으로 충분히 설명될 수 있는 친근한 것들로 준비되어 있어야 한다. 오래전 일이지만, 필자가 어느 결혼 예식장에서 주례하는 목사가 입고 있는 까운과 스톨이 전혀 설명할 수 없는 것으로 되어 있어서 마음이 아팠던 기억이 있다. 더욱 불행한 것은 그렇게 차려 입고 있는 당사자가 왜 이런 것들을 입어야 하는지를 전혀 모르고 있었다는 점이었다.

이상에서 우리는 예전적인 예배가 되기 위해서는, 예배가 순서와 의식 그리고 예식을 갖추고 있어야 한다는 점을 확인하였다. 우리 루터교회의 예배가 이런 예전을 보존함으로 개신 교회에 있어서 장자의 역할을 다하고 있는 것은 아닌가 생각한다.

2 전통을 유산으로 물려받은 예배

우리가 사는 21세기는 그 어느 시대보다도 속도감에서 민감해졌다. 하루가 다르게 엄청난 변화가 일어나고 있기 때문이다. 이런 변화무쌍한 시대에 가장 혼란스러워지는 것은, 전통과 그 유산에 대한 이해라고 할 수 있다. 그러나 변화가 심하면 심할수록 더욱 깊은 관심과 애정을 기울여야 할 것은 전통이다. 전통이 과거를 말해주는 것이고, 우리 시대에서는 케케묵은 구닥다리 대접을 받는 것임에 분명하지만, 숨길 수 없는 사실은 바로 이런 과거와 구닥다리가 오늘 우리를 떠받들어 주고 있는 발판이 되고 있다는 사실이다. 좀 더 심하게 표현하면 전통이란 우리의 뿌리이며 근원이 된다고 하는 사실이다. 이런 의미에서 우리 시대가 전통을 제대로 보존하고 발전시키지 못한다고 하면, 우리는 뿌리 없이 흔들거리다가 떠내려가 버리고 말 부평초와 같은 어리석은 사람으로 전락하고 말지도 모를 것이다.

많은 루터교회 교인들을 난처하게 하는 질문 가운데 하나는, "당신들 예배는 천주교와 같네요. 개신 교회 예배가 아니지 않습니까?"일 것이다. 그 때 해 주어야 할 명답은, "우리 루터교회 예배는 천주교 예배가 아니라, 가장 전통적인 기독교회의 예배입니다."라고 말이다. 길게 설명할 기회가 있을 것으로 믿고, 여기서는 간략하게 무엇이 기독교 전통적인 예배인가 하는 점만을 설명하려고 한다. 전통적인 예배는 신약의 초대 교회 이래로 말씀의 예배와 다락방의 예전을 가진 예배를 의미한다. 예수님의 제정에서 시작하여, 사도들과 사도행전의 교회들에서(행 2:42, 20:7-11, 고전 10:16-17), 그리고 2세기의 순교자 저스틴의 변증서에서(제1변증서 제67장)

중세교회에 이르기까지, 기독교회는 예배의 전통을 계승하였고 발전시켜 왔던 것이다. 돌연변이처럼 사람에 따라, 교파의 신앙고백에 따라 각양 각색으로 바뀌지 않았다는 점이다. 오스카 쿨만은 그의 『원시기독교 예배』에서 기독교 예배의 유산들을 밝히려고 하였는데, 그 중에서 "초대교회의 예배를 지칭하는 가장 특징적인 표현인 '떡을 뗀다'는 말"을 주목하였다. 이 말은 일상적인 식사를 의미하는 것이 아니라, 주님의 만찬에 참예하는 것이라고 설명하였다. 그것은 '떡을 뗀다'는 말이 특별한 의미의 의식을 거행한다는 것을 말하고 있다고 했다. 그 결과 이런 주의 만찬의 본질적인 특징은 행 2:46에서와 같이, 이 식사에 참여하는 사람 가운데 "충만한 기쁨"에 넘쳤다는 점을 들었다. 그리고 거룩한 입맞춤이라는 제의적인 관습이 성찬에 앞서서 있었는데(롬 16:16, 고전 16:20, 마 5:23, 살전 5:26, 고후 13:12, 벧전 5:14), 이것은 오늘날 '평화의 인사'의 기원이 되었다. 물론 전통적인 예전을 가진 로마 가톨릭이나 희랍정교회 루터교회와 성공회가 교파의 특색을 반영하는 지엽적인 내용에서는 차이가 있는 것이 사실이지만, 예배의 중심점과 구성 그리고 예배의 흐름에 있어서는 동일하다는 점을 분명히 알고 있어야 할 것이다. 전통적인 예배는 앞서 말한 대로 말씀의 예배와 다락방의 예배가 있는 점, 교회력에 따른 성구집을 봉독문으로 사용하는 점, 많은 영창이 있는 점(키리에, 대영광송, 쌍투스 등), 아론의 축도를 사용하는 점 등을 보존하고 있다. 루터교회를 국교로 하는 스칸디나비아의 나라들과 독일 그리고 미국에서는, 이와 같이 전통적인 예배의 골격을 유지하면서 현대인이 쉽게 동참할 수 있도록 계속 변화를 시도하고 있는 것이 사실이다. 우리 한국 루터교회 역시 그레고리안 타입의 예배의식문은 물론, 한국적인 전통 가락을 채용한 예배의식문을 개발해서 사용하고 있는데, 우리 한국인들의 정서에는 역시 한국적인 가락이 훨씬 잘 어울리고 있다는 것을 알 수 있었다. 과거와 현재와의 대화, 이런 것이 진정한 의미에서 전통을 계승해 나가는 일이라고 할 수 있다.

제 3 장
루터교 예배 의식문

루터교 예배 의식문

1. 한국 루터교 예배 의식문의 역사

한국 루터교회는 1960년 지원용 박사에 의해 루터교 예배 의식문을 발행하였다. 그 내용은 성찬과 함께 드리는 예배 의식문과, 성찬 없이 드리는 예배 의식문이 있었고, 아침 기도회와 저녁 기도회 의식문과 함께 세례식(장년과 유아 구별)과 입교식 순서도 포함되어 있었다. 그리고 부록으로 아다나시안 신조가 수록되었다. 형식적인 면에서 특징은 음악을 사용하지 않았을 뿐, 모든 영창을 다 사용하도록 되어 있었고, 낭독하도록 되어 있었다. 성찬식을 가질 때에는 니케야 신조를 고백하도록 준비하였고, 아론의 축도를 사용하고 있었다는 점을 들 수 있다. 내용적인 면에서는 사도신조에서 한국 개신교회가 빠뜨리고 있는 "음부에 내리신지"라는 구절이 추가 되어 있었고, "성도가 교통하는 것과"를 "성도가 서로 사귀는 것과"로 번역하였다. 다음으로는 1974년에 그레고리안 성가와 루터교 코랄의 서양 음악을 바탕으로 하는 음악으로 드리는 예배의식문이 시험판으로 나왔으나 지속적으로 사용하지는 못하였다가, 1981년 수우전목사의 헌신적인 노력으로 음악으로 된 예배의식문이 출판되었는데, 가사는 김정준박사가 감수하였고, 그레고리안 성가 부분은 수우전목사가 한국 가사에 맞도록 편곡하였다. 마침내 1983년에는 한국 가락으로된 예배 의식문을 내 놓게 되었는데, 이 때 나인용교수가 한국 가락을 작곡하였다. 그 뒤 작은 수정 작업을 거쳐 1993년에 전통적인 루터교 가락과 한국적인 가락이 포함된 예배 의식문이 나오게 되었다. 기독교 한국 루터회 예배분과 위원회는 1975년 이래 계속해서 예배의 갱신을 위해서 쉬지 않고 연구하고 있는데, 더욱 중요한 것은 실제로 의식 예배를 드리는 지역 교회에서 예배를 위한 교육과 훈련이 진지하게 진행되어야 한다는 과제가 남아 있다고 하겠다.

2 한국 루터교 예배 의식문

현재 기독교 한국 루터회가 사용하고 있는 예배 의식문에는, 성찬과 함께 드리는 주일 예배 의식문과 성찬 없이 드리는 주일 예배 의식문, 그리고 아침 기도회와 저녁 기도회, 마감 기도회 의식문이 있고, 세례식과 유아 세례식, 견신례와 입교식이 들어 있다. 그리고 부록으로 한국 가락으로 된 주일 예배 의식문과, 삼위 일체 주일에 고백하는 아다나시안 신조 등이 수록되어 있다.

주일 예배(성찬 없이)

죄의 용서와 고백

일어서서

찬 송 ('죄의 고백과 용서'가 끝난 후에 부를 경우 생략한다)

 사회자는 삼위일체 하나님을 부르며 회중을 인도한다. 이때 모든 교인들은 세례를 기억하며 + 표시를 하면 좋다.

|사| 성부와 + 성자와 성령의 이름으로
|회| 아멘.

|사| 우리의 마음과 욕망과 은밀한 것까지도 아시는 전능의 하나님, 성령의 감동으로 우리의 마음을 깨끗케 하옵소서. 하나님을 온전히 사랑하고 그 거룩하신 이름을 진심으로 찬양하게 하옵소서. 주 예수 그리스도의 이름으로 기도하옵나이다.
|회| 아멘.

|사| 우리가 죄 없다고 하면 이는 자신을 속이는 것이요, 진리가 우리 안에 있지 않기 때문입니다. 그러나 우리가 죄를 고백하면 신실하시고 의로우신 하나님은 우리의 죄를 용서하시고 모든 불의에서 깨끗하게 해 주십니다.

잠시동안 묵도한다.
|회| 우리는 죄에서 벗어날 수 없음을 고백하나이다. 우리는 생각과 말과

행위로 죄를 지었으며 원하는 선은 행치 아니하고 원하지 않는 악을 행하였나이다. 우리는 마음을 다하여 주를 사랑하지 않았으며, 내 이웃을 내 몸과 같이 사랑하지도 않았나이다.

하나님의 아들 주 예수 그리스도를 보시고 우리를 불쌍히 여기소서.

우리를 용서하시고 새롭게 하옵소서.

주님 뜻 안에서 기뻐하며 주의 길을 걸으며 하나님의 거룩하신 이름을 영화롭게 하옵소서.

|사| 전능하신 하나님 아버지께서 우리를 불쌍히 여기시고 그의 외아들을 보내시사 우리의 죄를 대신하여 죽게 하셨으며 그의 공로로 우리의 죄를 사하여 주셨습니다. 그러므로 소명을 받고 안수받은 하나님의 말씀의 종인 나는 주 예수 그리스도의 명하심에 따라 여러분의 죄가 사하여졌음을 성부와 ✛ 성자와 성령의 이름으로 선포합니다.

|회| 아멘.

또는

|사| 전능하신 하나님께서 우리를 불쌍히 여기시고 외아들을 보내시사 우리를 위하여 죽게 하셨으며 그의 공로로 우리의 죄를 사하여 주셨습니다. 그러므로 그리스도를 믿고 의지하는 사람들에게 하나님의 자녀가 되는 권리를 주시고 성령을 주실 것을 약속하셨습니다. 주 예수를 믿고 세례를 받은 사람은 구원을 받습니다.

|회| 아멘.

주일 예배(성찬 없이)

일어서서

1. 찬 송 ('죄의 고백과 용서' 앞에 부를 때에는 '찬송' 과 '개회 기원' 을 생략한다)
사) 성부와 ✝ 성자와 성령의 이름으로
회) 아멘.

2. 기도송(KYRIE)

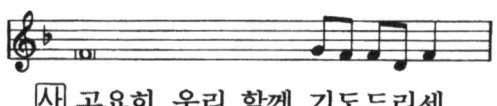

3. 영광송(GLORIA IN EXCELSIS)

4. 인사
사 주님께서 여러분과 함께 하시기를 바랍니다.
회 주님의 종과도 함께 하시기를 바랍니다.

5. 오늘의 기도
사 다같이 기도드립시다…
회 아멘.

앉아서

6. 오늘의 교회력에 대한 설명을 해도 좋다.

7. 첫째 성서 봉독

8. 오늘의 시편

9. 둘째 성서 봉독

10. 찬 양

일어서서

11. 복음서 봉독

회 주 께 영광돌리세

사 (복음서 봉독 후) 이것은 주님의 말씀입니다.

12. 신앙고백(CREDO)

사도신조를 주로 사용한다. 니카야 신조는 대림절, 성탄절, 사순절, 부활절기 또는 축제일에 사용한다. 세례식이나 다른 의식이 있을 때는 생략한다.

사도신조

다 전능하사 천지를 만드신 하나님 아버지를 내가 믿사오며, 그 외아들 우리 주 예수 그리스도를 믿사오니, 이는 성령으로 잉태하사, 동정녀 마리아에게 나시고, 본디오 빌라도에게 고난을 받으사, 십자가에 못박혀 죽으시고, 장사하여 음부에 내리신지 사흘만에 죽은 자 가운데서 다시 살아나시며, 하늘에 오르사, 전능하신 하나님 아버지 우편에 앉아 계시다가, 저리로부터 산 자와 죽은 자를 심판하러 오시리라.

성령을 믿사오며, 거룩한 공회와 성도가 서로 교통하는 것과, 죄를 사하여 주시는 것과, 몸이 다시 사는 것과 영원히 사는 것을 믿사옵나이다. 아멘.

또는

니카야 신조

다 저는 유일무이하시고 전능하시며, 천지와 모든 보이는 것과, 보이지 않는 것을 창조하신 하나님 아버지를 믿사오며, 유일하신 주 예수 그리스도를 믿습니다. 그는 하나님의 독생자이시며, 온 우주에 앞서 나셨고, 참 신이시며, 참 빛이시며, 참 신 가운데 신이시며, 하나님에게서 나셨고, 창조함을 받지 않으셨고, 성부 하나님과 같은 본질이시며, 그로 말미암아 모든 만물이 창조되었고, 모든 인간들과 우리의 구원을 위하여 하늘에서 내려 오셨고, 성령으로써 동정녀 마리아에게서 인간으로 나셨고, 우리를 위하여 본디오 빌라도에게 십자가에 달려 죽으셨습니다. 그는 고난을 받으시고, 장사함을 받으셨으나 제삼일째 되는 날, 성서에 기록된 말씀에 따라 다시 살아나셨고 하늘에 올라가시사, 성부의 오른편에 앉으셨으며, 장차 산 자와 죽은 자를 심판하러 영광 가운데 다시 오실 것인데, 그의 나라는 영원 무궁합니다.

저는 성령을 믿습니다. 그는 주이시며, 생명을 주시는 분이시며, 성부와 성자에게서 생기시고, 성부와 성자와 더불어 예배와 영광을 받으시며, 그에게 관하여, 이미 예언자들이 말씀하셨습니다.

저는 유일하고 거룩한 그리스도와, 사도의 교회를 믿사오며 죄사함을 위한 유일한 세례를 인정하며, 죽음에서의 부활을 고대하며, 장차 올 영원한 나라의 생명을 믿습니다. 아멘.

앉아서

13. 찬 송

14. 설 교

15. 헌 금

16. 봉헌영가 (OFFERTORY) (헌금을 제단에 드리며)

17. 목회기도 (전 교회와 모든 사람을 위한 기도)

18. 주기도

다 하늘에 계신 우리 아버지여, 이름이 거룩히 여김을 받으시오며, 뜻이 하늘에서 이룬 것 같이 땅에서도 이루어지이다. 오늘날 우리에게 일용 할 양식을 주옵시고, 우리가 우리에게 죄지은 자를 사하여 준 것 같이 우리 죄를 사하여 주옵시고, 우리를 시험에 들게 하지 마옵시고, 다만 악에서 구하옵소서. 대개 나라와 권세와 영광이 아버지께 영원히 있사 옵나이다. 아멘.

19. 찬 송

20. 기 도

말씀을 위한 기도문

사 거룩한 성서의 모든 말씀을 기록하게 하셔서, 저희로 하여금 알게 하신 주님, 원하옵기는 저희로 하여금, 이 말씀을 듣고 읽고 생각하고 배우게 하여 주시고, 마음 속으로 깨닫게 하여 주시며, 또 주님의 거룩한 말씀의 위로와 인내로써 구주 예수 그리스도를 통하여 주신 영원한 생명에 대한 소망을 가지며, 이 생명을 언제나 굳게 간직 할 수 있게 하여 주옵소서. 유일하신 성부와 성령과 함께 영원히 살아계셔서 다스리시는 우리 주 예수 그리스도의 이름으로 기도하옵나이다.
회 아멘.

또는

교회를 위한 기도문

사 전능하신 하나님, 원하옵기는 주님의 교회에 성령과 위로부터 내리시는 지혜를 주시사, 주님의 말씀이 매이지 아니하고 자유로이 선포됨으로써 모든 성도들에게 기쁨과 유익이 되게 하여 주시며, 또한 저희로 하여금 확고한 신앙 가운데서 주님을 섬기고 주님의 이름으로 끝까지 고백하게 하여 주옵소서. 유일하신 성부와 성령과 함께 영원히 살아계셔서 다스리시는 우리 주 예수 그리스도의 이름으로 기도하옵나이다.
회 아멘.

21. 축도

> 사 주 하나님께서 네게 복을 주시고 너를 지키시기를 원하며, 주께서 그 얼굴로 네게 비취사 은혜 베푸시기를 원하며, 주께서 그 얼굴을 네게로 향하여 드사 ✝ 평강 주시기를 원하노라.

또는

> 사 우리 주 예수 그리스도의 은혜와 하나님의 사랑과 성령의 교통하심이 ✝ 너희 무리와 함께 있을지어다.

22. 인사

사 이제는 평안히 가십시오. 그리고 주님을 섬기십시오.
회 하나님께 감사드리세.

주일 예배(한국음악)

죄의 고백과 용서

■ 일어서서

찬 송 ('죄의 고백과 용서'가 끝난 후에 부를 경우 생략한다)
　사회자는 삼위일체 하나님을 부르며 회중을 인도한다. 이때 모든 교인들은 세례를 기억하며 + 표시를 하면 좋다.

사 성부와 + 성자와 성령의 이름으로
회 아멘.

사 우리의 마음과 욕망과 은밀한 것까지도 아시는 전능의 하나님, 성령의 감동으로 우리의 마음을 깨끗케 하옵소서. 하나님을 온전히 사랑하고 그 거룩하신 이름을 진심으로 찬양하게 하옵소서. 주 예수 그리스도의 이름으로 기도하옵나이다.
회 아멘.

사 우리가 죄 없다고 하면 이는 자신을 속이는 것이요, 진리가 우리 안에 있지 않기 때문입니다. 그러나 우리가 죄를 고백하면 신실하시고 의로우신 하나님은 우리의 죄를 용서하시고 모든 불의에서 깨끗하게 해 주십니다.

잠시동안 묵도한다.

회 우리는 죄에서 벗어날 수 없음을 고백하나이다. 우리는 생각과 말과 행위로 죄를 지었으며 원하는 선은 행치 아니하고 원하지 않는 악을 행하였나이다. 우리는 마음을 다하여 주를 사랑하지 않았으며, 내 이웃을 내 몸과 같이 사랑하지도 않았나이다.

  하나님의 아들 주 예수 그리스도를 보시고 우리를 불쌍히 여기소서. 우리를 용서하시고 새롭게 하옵소서.

  주님 뜻 안에서 기뻐하며 주의 길을 걸으며 하나님의 거룩하신 이름을 영화롭게 하옵소서.

사	전능하신 하나님 아버지께서 우리를 불쌍히 여기시고 그의 외아들을 보내시사 우리의 죄를 대신하여 죽게 하셨으며 그의 공로로 우리의 죄를 사하여 주셨습니다. 그러므로 소명을 받고 안수받은 하나님의 말씀의 종인 나는 주 예수 그리스도의 명하심에 따라 여러분의 죄가 사하여졌음을 성부와 ✝ 성자와 성령의 이름으로 선포합니다.
회	아멘.

또는

사	전능하신 하나님께서 우리를 불쌍히 여기시고 외아들을 보내시사 우리를 위하여 죽게 하셨으며 그의 공로로 우리의 죄를 사하여 주셨습니다. 그러므로 그리스도를 믿고 의지하는 사람들에게 하나님의 자녀가 되는 권리를 주시고 성령을 주실 것을 약속하셨습니다. 주 예수를 믿고 세례를 받은 사람은 구원을 받습니다.
회	아멘.

주일 예배(성찬과 함께)

일어서서

1. 찬 송 ('죄의 고백과 용서' 앞에 부를 때에는 '찬송'과 '개회 기원'을 생략한다)

[사] 성부와 + 성자와 성령의 이름으로
[회] 아멘.

2. 기도송(KYRIE)

제3장 루터교 예배의식문 65

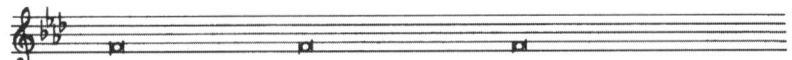

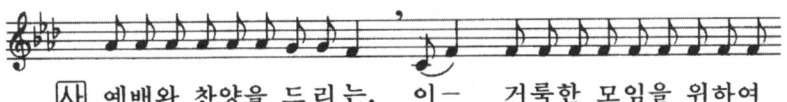

3. 영광송(GLORIA IN EXCELSIS)

제3장 루터교 예배의식문 67

4. 인사

사 주님께서 여러분과 함께 하시기를 바랍니다.
회 주님의 종과도 함께 하시기를 바랍니다.

제3장 루터교 예배의식문 69

5. 오늘의 기도
   사 다같이 기도드립시다···
   회 아멘.

앉아서

6. 오늘의 교회력에 대한 설명을 해도 좋다.

7. 첫째 성서 봉독

8. 오늘의 시편

9. 둘째 성서 봉독

10. 찬 양

일어서서

11. 복음서 봉독

회 주 께 영광돌리세

[사] (복음서 봉독 후) 이것은 주님의 말씀입니다.

12. 신앙고백(CREDO)

사도신조를 주로 사용한다. 니카야 신조는 대림절, 성탄절, 사순절, 부활절기 또는 축제일에 사용한다. 세례식이나 다른 의식이 있을 때는 생략한다.

사도신조

[다] 전능하사 천지를 만드신 하나님 아버지를 내가 믿사오며, 그 외아들 우리 주 예수 그리스도를 믿사오니, 이는 성령으로 잉태하사, 동정녀 마리아에게 나시고, 본디오 빌라도에게 고난을 받으사, 십자가에 못박혀 죽으시고, 장사하여 음부에 내리신지 사흘만에 죽은 자 가운데서 다시 살아나시며, 하늘에 오르사, 전능하신 하나님 아버지 우편에 앉아 계시다가, 저리로부터 산 자와 죽은 자를 심판하러 오시리라.
　성령을 믿사오며, 거룩한 공회와 성도가 서로 교통하는 것과, 죄를 사하여 주시는 것과, 몸이 다시 사는 것과 영원히 사는 것을 믿사옵나이다. 아멘.

또는

니카야 신조

회 저는 유일무이하시고 전능하시며, 천지와 모든 보이는 것과, 보이지 않는 것을 창조하신 하나님 아버지를 믿사오며, 유일하신 주 예수 그리스도를 믿습니다. 그는 하나님의 독생자이시며, 온 우주에 앞서 나셨고, 참 신이시며, 참 빛이시며, 참 신 가운데 신이시며, 하나님에게서 나셨고, 창조함을 받지 않으셨고, 성부 하나님과 같은 본질이시며, 그로 말미암아 모든 만물이 창조되었고, 모든 인간들과 우리의 구원을 위하여 하늘에서 내려 오셨고, 성령으로써 동정녀 마리아에게서 인간으로 나셨고, 우리를 위하여 본디오 빌라도에게 십자가에 달려 죽으셨습니다. 그는 고난을 받으시고, 장사함을 받으셨으나 제삼일째 되는 날, 성서에 기록된 말씀에 따라 다시 살아나셨고 하늘에 올라가시사, 성부의 오른편에 앉으셨으며, 장차 산 자와 죽은 자를 심판하러 영광 가운데 다시 오실 것인데, 그의 나라는 영원 무궁합니다.

저는 성령을 믿습니다. 그는 주이시며, 생명을 주시는 분이시며, 성부와 성자에게서 생기시고, 성부와 성자와 더불어 예배와 영광을 받으시며, 그에게 관하여, 이미 예언자들이 말씀하셨습니다.

저는 유일하고 거룩한 그리스도와, 사도의 교회를 믿사오며 죄사함을 위한 유일한 세례를 인정하며, 죽음에서의 부활을 고대하며, 장차 올 영원한 나라의 생명을 믿습니다. 아멘.

앉아서

13. 찬 송

14. 설 교

15. 헌 금

16. 봉헌영가(OFFERTORY) (헌금을 제단에 드리며)

17. 목회기도(전 교회와 모든 사람을 위한 기도)

일어서서

18. 성찬의식

|사| 주님께서 여러분과 함께 하시기를 바랍니다.
|회| 주님의 종과도 함께 하시기를 바랍니다.
|사| 마음을 주님께 들라
|회| 주를 향하여
|사| 우리 주 하나님께 감사드리세
|회| 이것이 마땅하고 유익하나이다.
|사| 거룩하시고 전능하신 하나님, 우리가 주의 사랑하시는 아들 예수 그리스도의 이름으로 언제, 어디서나 주께 감사함이 참으로 마땅하고 유익한 일입니다.(절기에 맞는 서문을 계속한다. 성령강림절 후 주일들에는 서문이 없다.)

절기에 적합한 서문

대림절

지금 우리는 주 예수 그리스도께서 영광 가운데 오실 그 날과 약속하신 구원을 기다리나이다. 그러므로…

성탄절

하나님은 예수님의 놀랍고 기이한 탄생으로 믿음의 눈을 열어주사 새롭고 빛나는 주님의 영광을 보여 주셨나이다. 예수 그리스도 안에서 하나님을 볼 수 있게 하시고 보이지 않는 하나님의 사랑에 사로잡히게 하셨나이다. 그러므로…

주현절
주님은 사람으로 나셔서 우리 가운데 계시사 아버지의 영광과 사랑을 나타내 보이시고 그의 찬란한 빛으로 우리의 어두움을 몰아내셨나이다. 그러므로…

사순절
주님은 거룩하신 십자가로 모든 사람을 구원하셨나이다. 사망의 나무가 생명의 나무가 되고, 잃었던 생명이 주 예수 그리스도를 통하여 회복되었나이다. 그러므로…

부활절
이 부활절기에 우리가 기쁜 마음으로 주님을 찬양하는 것은 그리스도께서 유월절 어린양이 되시어 세상을 죄에서 구원하셨기 때문입니다. 주께서 죽으심으로 죽음을 이기시고, 부활하심으로 영생을 회복하셨나이다. 그러므로…

성령강림절
오늘 주님은 약속하신 대로 성령을 보내시사 우리를 위로하시고 인도하시며 우리들을 하나님의 자녀가 되게 하셨나이다. 그러므로…

　그러므로 우리는 천사들과 모든 하늘의 무리들과 함께 주의 영광을 찬미하며 노래하기를…

19. 거룩, 거룩, 거룩(SANCTUS)

20. 성찬 기도와 제정의 말씀

> [사] 하늘과 땅의 주인이신 하나님, 하나님께 영광을 돌리나이다. 하나님은 이 세상을 사랑하셔서 외아들을 보내시고 그를 믿는 자는 누구든지 멸망하지 않고 영생을 얻게 하셨습니다. 예수 그리스도를 통해 우리에게 구원을 예비해 주신 하나님께 감사드리나이다.
>
> 이제 성령을 우리의 마음속에 보내주셔서 거룩한 성찬 가운데 오시는 주님을 살아 있는 마음으로 영접할 수 있게 하옵소서.
>
> [회] 아멘, 주 예수여 오시옵소서.
>
> [사] 우리 주 예수님께서 잡히시던 날 밤에 떡을 가지사 축사하시고 떼어 제자들에게 주시며, "받아 먹으라. 이것은 너희를 위하여 준 내 몸이라. 이것을 행하여 나를 기념하라" 하셨습니다.
>
> 저녁 잡수실 때에 이와 같이 또 잔을 가지사 축사하시고 제자들에게 주시며 "너희가 다 이것을 마시라. 이것은 너희 죄를 사하기 위하여 흘린 내 피로 세운 새 언약의 잔이라. 이것을 행하여 마실 때마다 나를 기념하라" 하셨습니다.

또는

> [사] 우리 주 예수님께서 잡히시던 날 밤에, 떡을 가지사 축사하시고 떼어 제자들에게 주시며, "받아 먹으라. 이것은 너희를 위하여 준 내 몸이라. 이것을 행하여 나를 기념하라" 하셨습니다.
>
> 저녁 잡수실 때에 이와 같이 또 잔을 가지사 축사하시고 제자들에게 주시며, "너희가 다 이것을 마시라. 이것은 너희 죄를 사하기 위하여 흘린 내 피로 세운 새 언약의 잔이라. 이것을 행하여 마실 때마다 나를 기념하라" 하셨습니다.

21. 주기도

[사] 하늘에 계신 우리 아버지여, 이름이 거룩히 여김을 받으시오며, 뜻이 하늘에서 이룬 것 같이 땅에서도 이루어지이다. 오늘날 우리에게 일용할 양식을 주옵시고, 우리가 우리에게 죄지은 자를 사하여 준 것 같이 우리 죄를 사하여 주옵시고, 우리를 시험에 들게 하지 마옵시고, 다만 악에서 구하옵소서. 대개 나라와 권세와 영광이 아버지께 영원히 있사 옵나이다. 아멘.

[사] 주님의 평화가 항상 함께 하시기를 바랍니다.
[회] 주님의 종과도 함께 하시기를 바랍니다.

22. 하나님의 어린 양(AGNUS DEI)

제3장 루터교 예배의식문 79

앉아서

23. 성찬분배

|사| 받아 먹으라.
　이것은 너의 죄를 위하여 십자가에 달려 죽으심으로 주신 우리 구주 예수 그리스도의 참 몸이라.

받아 마시라.
이것은 너의 죄를 사하기 위하여 흘리신 우리 구주 예수 그리스도의
참 피라.
회 아멘.

일어서서

사 그리스도의 이 몸과 피가 여러분을 진실한 믿음 가운데서 영원한 생
명에까지 강건케 하며 보존하시기를 원하노라.
회 아멘.

24. 시므온의 노래(NUNC DIMITTIS)

| 사 | 주님은 선하시니 그에게 감사드리세.
| 회 | 그의 사랑이 영원하시도다.

25. 기도

| 사 | 전능하신 하나님 아버지, 이 성찬의 은사로써 우리를 새롭게 하여 주심을 감사드리나이다. 기도하옵기는 이 은사를 통해 우리를 더욱 강건케 하사 주님을 향한 믿음과 이웃을 향한 사랑 가운데서 살게 하옵소서.
| 회 | 아멘.

또는

| 사 | 오. 주님, 우리에게 주님의 사랑의 영을 부어 주옵소서. 하늘의 양식을 함께 받은 우리들로 하여금 하나되게 하옵소서. 유일하신 성부와 성령과 함께 영원히 살아계셔서 다스리시는 우리 주 예수 그리스도의 이름으로 기도하옵나이다.
| 회 | 아멘.

또는

| 사 | 전능하신 하나님, 참 하늘의 떡이신 당신의 아들 우리 주 예수 그리스도를 주셨음을 감사드리나이다. 기도하옵기는 주님의 몸과 피를 받은 우리가 주님 안에 거하고 주님이 우리 안에 거하심으로써 주님의 무한하신 생명의 능력이 우리 안에 충만하게 하여 주옵소서.
　　유일하신 성부와 성령과 함께 영원히 살아계셔서 다스리시는 우리 주 예수 그리스도의 이름으로 기도하옵나이다.
| 회 | 아멘.

26. 축도

> 사 주 하나님께서, 네게 복을 주시고 너를 지키시기를 원하며, 주께서 그 얼굴로 네게 비취사 은혜 베푸시기를 원하며, 주께서 그 얼굴을 네게로 향하여 드사 + 평강 주시기를 원하노라.

또는

> 사 우리 주 예수 그리스도의 은혜와 하나님의 사랑과 성령의 교통하심이 + 너희 무리와 함께 있을지어다.

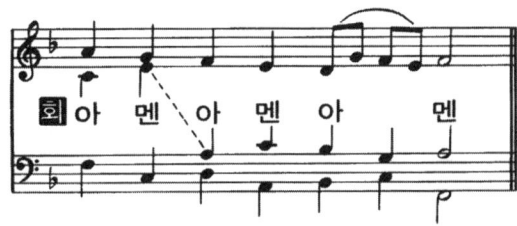

27. 인사

사 이제는 평안히 가십시오. 그리고 주님을 섬기십시오.
회 하나님께 감사드리세.

제 4 장
문답식 루터교 예배의식 해설

문답식 루터교 예배의식 해설

 루터는 기독교 교리를 가르치기 위해서 교리 문답서를 준비하였다. 공교육의 창시자이기도 한 루터는 당시로서는 문답식 교육이 가장 효과적인 교육 방법이라는 것을 깨달았고, 그것을 교리문답서에서 적용하였던 것이다. 그런데 루터가 세상을 떠난 지 550년이 된 현재까지도, 독일에서는 루터의 소교리 문답서가 가장 대표적인 교리 공부의 교과서로 사용되고 있는 것은 문답 형식이 여전히 교육적으로 효과가 있다는 산 증거라고 말할 수 있다. 본 서에서도 문답식으로 루터교회의 예배를 살피고자 준비하였다.
 본 문답식 루터교 예배의식 해설은 크게 두 부분으로 구성되어 있다. 하나는 예배의 외형적인 면에 관한 질문들이고, 다른 하나는 예배의 내용에 관한 질문들이다. 흔히 루터교회의 예배에 참석한 외부인들은 형식적인 면에서 당황하게 된다. 그것은 자신들에게 길들여 있거나 알고 있는 예배의 형식과는 너무 다르다고 생각하기 때문이다. 그 결과 루터교회의 예배를 제대로 이해하기도 전에 마음의 문을 닫아 버리는 안타까움을 수 없이 보아왔었다. 그래서 본 서에서는 가능한 한 오해할 소지가 있는 부분들에게 대해서 좀더 자세히 살피는 기회를 갖게 될 것이다.

1. 루터교 예배의식에 대한 외형적인 질문들

가. 예배의 준비.

1. 예배를 시작할 때 찬송을 부르며 행진해서 제단으로 나가는 것은 무슨 뜻이 있습니까?

우리 기독교회의 예배는 2천년이란 긴 역사 속에서 오늘과 같이 발전하게 되었습니다. 대부분의 예배의 형식적인 요소와 내용들은 이런 역사적인 산물들이라고 생각하시면 옳습니다. 가령 예배를 시작할 때 찬송을 부르며 제단을 향해 행진하는 것도 이런 오래된 역사적 전통입니다. 신약시대의 교인들은, 예배처소에 모여 사도들이 올 때까지 기다렸다고 합니다. 사도가 도착하면 사도의 뒤를 따라서 예배 처소 안으로 찬송을 부르면서 들어갔습니다. 그들은 하나님 앞으로 가는 가장 아름다운 모습은, 목자를 따라 찬송을 부르며 나가는 것이라고 믿었습니다. 오늘날에는 여러 가지 여건상 전체 교인들이 다 행진해 갈 수는 없습니다만, 성가대와 예배 봉사자들이 행진하는 것을 눈으로 따라가면서, 자신들도 지금 주님 앞으로 나아가고 있다고 생각하며 예배에 참예하는 것입니다.

2. 예배를 시작할 때 회중들이 일어나서 촛불을 향해 몸을 돌리는 이유가 무엇입니까?

예배에서 촛불은 인류의 영원한 목자이신 예수 그리스도를 상징합니다. 양들이 목자를 따르듯 예수 그리스도를 따라 하나님 앞으로 나가고 있다는 것을 상징적으로 말해주고 있기 때문입니다.

3. 제단 밑에서 죄의 고백을 하는 까닭이 무엇입니까?

하나님을 예배하는 일은 우리 인간에게 있어서는 큰 은총이 아닐 수 없습니다. 그러나 하나님의 용서를 받지 않고서 하나님을 향하는 일은 두려운 일이며 위험한 일입니다. 죄의 고백과 하나님의 용서하심에 대한 확신이 없이는 우리의 예배가 은총이 아니라, 저주가 될 수 있습니다. 그래서 죄의 고백의 순서를 예배의 전단계로 이해한다는 의미에서 제단 밑에서 하는 것입니다.

4. 성단의 중앙에 제단을 두는 이유는 무엇입니까?

기독교 예배의 중심에는 예수 그리스도가 있습니다. 제단은 예수 그리스도께서 인류를 위해 아낌없이 자신을 주신 식탁을 상징합니다.

5. 예배를 드릴 때 제단에 촛불을 밝히는 이유는 무엇입니까?

전통적으로 기독교 세계에서 촛불은 하나님의 임재를 상징하는 것입니다. 촛불을 예배 시작과 함께 켜고 예배가 끝날 때 끄는 것은, 우리들이 드리는 예배 가운데 하나님께서 함께 하고 계시다는 것을 이해하도록 하기 위해서 촛불을 밝힙니다. 그러므로 적어도 예배가 진행되는 동안, 다시 말하면 촛불이 켜 있는 동안에는 신령과 진정으로 예배를 드려야 할 것입니다.

6. 제단 옆에 두 개의 촛대를 세우고 있는 것에 대해서 알고 싶습니다.

제단 옆의 두 촛대는 예수 그리스도를 상징합니다. 그리고 두 개의 촛대는 예수 그리스도의 신성과 인성을 의미합니다.

7. 제단 주변에 갖춰야 할 성구들은 어떤 것이며 그 위치는 어떻게 하는 것이 좋습니까?

제단은 성단의 중심에 위치하고, 설교대는 이스라엘이 있는 방향이거나 동쪽으로 위치하며, 세례대는 설교대의 반대쪽에 두는 것이 좋습니다. 설교대의 위치는 설교를 듣는 회중들을 고려한 것으로, 말씀을 듣는 회중들이 이스라엘을 향하게 함으로 화육하신 예수님을 생각나게 하려는 것이며 동쪽 방향을 고려한 것은 빛이 동쪽에서 먼저 비쳐오기 시작하는 때문입니다.

8. 스테인드 글라스나 고상(苦像) 등을 예배당에 두는 것은 어떤 의미가 있습니까?

종교 개혁 때 쯔윙글리의 추종자들은 소극적인 개혁에 치중하였습니다. 그 결과 대부분의 형식적인 요소들을 폐기하는 것이 교회를 정화하는 일로 생각하였습니다. 그러나 루터와 같은 적극적인 개혁자들은 참된 개혁이란 눈에 보이는 것들을 다 치워버리는 일에서가 아니라, 하나님의 말씀인 성경의 정신에 근본적으로 위배되는 것들에 한해서 정화하려고 하였습니다. 그러나 성경이 명시하지 않은 것들로 신앙생활에 좋은 영향을 주는 전통과 유산들에 대해서는 보존해야 한다고 생각하였습니다. 그런 것들 가운데 대표적인 것이 스테인드글라스나 고상과 같은 여러 가지 상징물들입니다. 십자가는 우리들의 신앙을 격려하고 위로하며 힘을 주는 상징물이지, 우리가 그 십자가 자체를 믿는 것이 아닙니다.

9. 예배 봉사자들은 어떤 사람을 선택해야 하고 훈련합니까?

하나님께서는 많은 사람들이 예배드리는 일에 참여하기를 원하신다고 믿습니다. 여기에는 남녀노소가 구별이 없습니다. 그러나 적어도 예배에서 순서를 맡아 봉사하려는 사람들은 신실한 교회의 일꾼들로, 신앙과 생활에서 덕을 세우는 합당한 분들이어야 할 것입니다. 그런데 예배를 섬기는 봉사자들은 반드시 적절한 훈련을 받아야 합니다. 예배 순서의 성격이나 내용에 대해서, 그리고 자세에 대해서 충분한 훈련과 연습이 있은 후에 예배를 섬겨야 할 것입니다.

10. 예배를 드리는 동안의 예배 봉사자들(acolyte)은 어떤 자세를 갖는

것이 올바릅니까?

예배에서 사회자나 설교자 등은 자신이 맡은 역할을 수행하는 동안에만, 하나님의 일꾼으로 일한다는 것을 항상 명심해야 합니다. 예배 봉사자 역시 하나님을 예배하는 회중의 한 사람이 되어야 하기 때문입니다. 그래서 자신이 맡은 순서를 진행하는 동안은 적절한 자리에서 임무을 수행해야 할 것입니다. 그러나 그 밖의 순서에서는 항상 자기 자리에 돌아와서 회중의 한사람으로서 회중과 함께 하나님을 예배해야 합니다. 예를 들면 찬송을 부를 때 예배 봉사자는 자기 자리에서 찬송을 불러야 합니다. 설교대나 제단에 서 있어도 안되고, 음향기기를 이용해서 찬송을 독점하는 일을 해서도 안됩니다. 하나님은 전체 회중들이 한 목소리로 드리는 찬송을 기뻐하신다고 믿습니다. 또한 성가대가 성가를 부르는동안, 사회자가 제단이나 설교대에 서서 바라보고 있는 것은 아주 잘못된 자세입니다.

11. 예배 인도자가 제단과 회중을 향해서 방향을 바꾸는 것에 대해서 알고 싶습니다.

전통적인 의식 예배는 예배 순서 하나 하나가 하나님과 회중 사이에 대화적인 성격을 가지도록 준비되어 있기 때문에 자칫 혼란을 가져올 수 있습니다. 하나님께서 회중들에게 오시는 내용인가, 회중들이 하나님을 향해서 바치는 내용인가를 분별치 못한다면 문제가 생길 수 있습니다. 그래서 예배 인도자가 제단을 향할 때는 하나님께 바치는 내용이라는 것을 알 수 있고, 인도자가 회중을 바라보고 있을 때는 하나님께서 회중들을 향해서 오시는 내용인 것을 알 수 있도록 하기 위해서 입니다.

12 예배 봉사자들의 복장은 어떤 것이어야 합니까?

구약시대로부터 하나님을 예배하는 봉사자들은 특별한 예복을 입었습니다. 그것은 그들이 하는 역할이 일반인과는 구별된 것이라는 표시입니다. 할 수 있다면 전통적이면서 적절한 예복을 마련해서 입도록 하는 것이 좋습니다.

13. 예배중 회중들이 자리에서 일어나는 순서는 어떤 것들입니까?

예배를 시작할 때와 복음서를 봉독할 때, 신앙을 고백할 때와 성찬의식을 시작할 때, 그리고 축도를 받을 때 등인데, 일어나는 행위는 존경심을 나타내는 행위입니다. 특히 복음서를 봉독할 때 일어나는 것은, 복음서의 주인이신 예수 그리스도께 대한 존경심의 표현입니다.

14. 여러 가지 영창 등을 부르는 것에 대해서 알고 싶습니다.

전통적인 예배는 많은 영창들을 가지고 있습니다. 처음에는 주로 성가대들에 의해서만 불려졌는데, 현재는 모든 회중들이 함께 부르는 노래가 되었습니다. 이런 영창들은 오랜 역사를 가지고 있습니다. 가령 키리에는 예배를 시작하는 단계에서 부르기에 적합하도록 준비되었고, 영광송 역시 예배의 주인이신 하나님을 찬양하도록 마련되었습니다. 매 단계마다 이런 영창을 둔 것은 예배에 참석하는 전체 회중이 예배의 내용을 분명히 이해할 뿐 아니라, 적극적으로 참여할 수 있도록 만든 좋은 수단들입니다. 가령 봉헌 영가를 부르면서 하나님께 드리는 감사의 예물은, 손끝에서만이 아니라 마음으로부터 솟아오르는 것이 되도록 해줍니다.

15. 예배 중에 인사하는 부분에 대해서 알고 싶습니다.

예배는 회중과 하나님 사이의 교제일 뿐 아니라, 회중 상호간의 교제이기도 합니다. 회중이 한 마음이 되지 않고서는 참된 공동 예배를 드릴 수가 없기 때문입니다. 그래서 예배 가운데 회중과 나누는 인사가 있습니다. 이런 인사는 아주 오래된 성경적인 역사가 있습니다(삿 6:12, 눅 1:28, 룻 2:4, 딤후 4:22). 전통적으로 성도 상호간에는 성경적인 인사가 필요합니다.

가령 부활절 인사를 소개하면, "주님께서 부활하셨습니다."고 인사할 때, "참으로 부활하셨습니다."고 화답합니다.

16. 여러 가지 신앙 고백을 하는 것에 대해서 궁금합니다.

일반적인 평신도들 가운데는 기독교회가 사도신조만 가지고 있는 것으로 알고 있는 분들이 많습니다. 참으로 슬픈 일입니다. 전통적으로 우리 기독교회는 세 개의 신앙고백문이 있습니다. 이것을 일치신조라고 말하는데, 그 첫째가 니카야 신조이고, 둘째가 아다나시안 신조이며, 셋째가 사도신조입니다. 이것은 역사적인 순서입니다. 내용에 있어서는 "삼위 일체 이신 하나님을 내가 믿는다."는 주제로 구성되어 있지만 신학적으로는 상당히 많은 설명이 필요합니다. 우리 교회는 일반적인 예배에서는 사도 신조를 고백하고, 특별한 절기에 니카야 신조를 사용합니다. 그리고 삼위일체 주일(성령강림절 다음 주일)에는 아다나시안 신조를 고백합니다.

17. 성만찬을 매 주일 갖는 것에 대해서 알고 싶습니다.

루터교회와는 달리 많은 개신 교회들은 성만찬을 자주 시행하지 않습니다. 여러 가지 이유가 있겠지만, 종교 개혁 당시에 로마 가톨릭 교회가 이른바 미사(성찬으로 드리는 예배)에서 보여 준 잘못된 모습에 대한 반발 때문일 수 있습니다. 그들은 미사에서 성찬을 화체설로 이해할 뿐 아니라 신비화해서 우상화함으로 성도들을 잘못 인도했기 때문입니다. 그러나 이런 잘못된 관습을 바로 잡는 것이 필요해서 종교 개혁을 했던 것입니다. 성경에서 예수님은 성찬식을 거행함으로 나를 기념하라고 하셨습니다. 그래서 초대 교회는 모일 때마다 말씀과 떡을 떼는 전통을 수립하였습니다. 성찬을 제정하신 주님의 명령은 모일 때마다 성찬을 갖는 것이 옳다는 것입니다. 1년에 한 두 차례 가지는 성찬은 그 중요성이 반감되는 일이라 할 수 있습니다.

18. 성찬을 받기 위해서 제단 앞으로 나가야 합니까?

그렇습니다. 제단 앞으로 나가는 일은 참으로 큰 축복이 아닐 수 없습니다. 우리는 적극적으로 주님의 은총을 입기 위해서 활동해야 합니다. 그리고 성찬을 주십시오 하는 마음으로 손을 내밀고 기다려야 합니다. 그리고 성찬 봉사자가 "받아 먹으라. 이것은 주님의 몸이라" 또는 "받아 마시라. 이것은 주님의 피라" 할 때, "아멘"이라고 화답하고 받아야 합니다.

19. 축도에 관해서 잘 알고 싶습니다.

우선 축도는 기도가 아니라, 하나님께서 우리 인류를 향해서 내려주시는 축복의 선언이라는 점을 분명히 알아야 합니다. 다시 말해서 축도는 축복을 기원하는 기도가 아닙니다. 그래서 축도자는 눈을 뜨고 회중을 향해서 선언할 수 있습니다.

또한 기독교회가 가진 축도는 두 가지가 있다는 점입니다. 하나는 아론의 축도이고(민 6:22-26), 다른 하나는 사도의 축도(고후 13:13)입니다. 우리 한국 개신교회는 사도의 축도를 강조한 나머지 아론의 축도라는 것이 있는지 조차도 잘 모르고 있는것이 현실입니다.

그리고 기독교회의 축도는 아무나 할 수 있는 것이 아니라는 점입니다. 민수기 6:22은 분명히 제사장들에게 맡겨진 임무였습니다. 구별된 일꾼들이 이 임무를 수행해야 합니다. 종종 성직의 개념을 혼돈 하는 분들이 있습니다. 참된 성직이란 자신이 맡은 일을 하나님의 일로 믿고 잘 감당하는 일이지, 누구든지 모든 일을 할 수 있다는 그릇된 생각을 가져서는 안됩니다.

마지막으로, 축도는 왼손을 가슴에 얹고 오른 손을 눈 높이 정도로 드는데 손가락을 모아 십자가 성호를 긋는 모양을 취합니다. 두 손을 들어서 축도 하는 것은 17세기 후반부터 나타난 개혁교회의 유산입니다. 두 손을 드는 경우는 하나님께 탄원을 할 때의 사람의 모습입니다(시 88:9).

20. 예배 중에 광고를 하는 것에 대해서 어떻게 생각합니까?

예배 중에 광고를 하게 되면 자칫 예배의 초점이 흐려지고 빗나가는 위험이 있습니다. 예배는 하나님 앞에서 나누는 교제입니다. 기쁨과 즐거움이 넘쳐흘러야 하면서 동시에 마음과 뜻과 정성이 어우러진 예배가 되어야 하기 때문에, 잘 준비된 가운데 진행해야 합니다. 그래서 전통적인 서구의 교회에서는 광고를 예배드리기 전 후에 가짐으로 이런 문제를 잘 피해 가고 있음을 볼 수 있습니다.

21. 파송의 인사를 나누는 유익은 무엇입니까?

파송의 인사는 예배를 드리게 된 것에 대한 감사와, 예배에서 받은 은총에 대한 다짐을 하는 내용입니다. 이런 인사는 교회와의 약속이며 동시에 자기 자신에 대한 약속을 한다는 점에서 유익합니다.

2 루터교 예배의식에 대한 내용적인 질문들

가. 예배에 대한 서론

1. 우리가 드려야 할 거룩한 예배란 어떤 것입니까?

넓은 의미에서 거룩한 예배는 성경적이며 기독교 신학적인 근거 위에 있는 모든 의식과 예식을 다 포함합니다. 사람들은 이 예배를 통하여 하나님께서 그들과 사귀시며 또 그들은 하나님과 사귄다고 믿습니다.

2. 하나님께 드리는 참 예배와 거짓 예배는 어떻게 구별할 수 있습니까?

하나님께 드리는 참 예배는 그 정신과 표현에 있어서, 성경을 통해 하나님께서 말씀하신 것과 일치하는 것이어야 합니다.(요 4:24) 하나님께서 정하시지 않은 다른 방법으로 하나님과 교제하려는 것은 모두 거짓 예배입니다.

그러므로 거짓 예배란,
   1). 거짓 신들을 숭배하는 것, 곧 우상숭배(힌두교도), 자연숭배(희랍인), 조상숭배(중국인과 한국인)와 같은 것이나,
   2). 그릇된 방법으로 하나님을 예배하는 것을 말합니다. 이러한 것은 위선자의 예배입니다(마 15:7-9, 7:21-23). 주님께서 오심으로써 폐기된 모든 유대교 예배가 바로 그런 것들이었습니다.

3. 예수님이 세상에 사람의 몸을 입고 오시기 이전과 오신 이후의 참 예배는 어떻게 다릅니까?
그리스도 이전의 참 예배는 유대인의 예배로 이는 잠정적인 것이었습니다. 장래에 성취될 좋은 것들의 그림자였다는 말입니다. 그러나 그리스도 이후의 참 예배는 크리스천이 드리는 예배인데, 이는 가장 완전하며 본질적인 예배입니다.(히 1:1-2, 요 1:17, 히 7:8-19, 히 9:11-12, 23-26, 10:9)

4. 기독교 예배란 무엇입니까?
기독교 예배는 우리 주 예수 그리스도 안에서 성령의 능력을 힘입어 하나님의 백성들이 하나님과 교제하는 외적 표현입니다.

5. 기독교 예배의 구성요소는 어떤 것들이 있습니까?
기독교 예배에는 두 가지가 있습니다. 즉 성례전적인 내용의 것들과 제사적인 내용의 것들입니다. 성례전적인 예배 내용은 하나님께서 예배 가운데서 예배자들 가운데 오셔서 말씀하시는 내용들이고, 제사적인 예배 내용은 예배자들이 하나님께 말씀드리거나 표하는 것들입니다. 그러므로 성례전적인 예배행위에서는 하나님의 은혜가 예배자들에게 나타나고 전달됩니다. 그러나 제사적인 예배행위에서는 예배자들이 하나님께 찬송과 영광을 올려 드립니다.

6. 루터교 예배의식에 있어서 중요한 성례전적인 내용은 어떤 것들이 있습니까?
  은혜의 선포 혹은 사죄 선언,
  성서 봉독,
  설교,
  성례전,
  축도(보튬, 팍스, 사도의 축도, 아론의 축도)입니다.

7. 루터교 예배의식에서 제사적인 내용은 어떤 것들이 있습니까?
  죄의 고백,
  기도,
  찬송과 영창,
  신조 혹은 신앙고백,
  봉헌입니다.

그러나 "찬미 드리는 영가"(Introit)는 성례전적 행위인 동시에 제사적 행위입니다. 성찬제정에 관한 말씀은 성례전적인 행위로 취급하는 사람도 있고 제사적인 행위로 취급하는 사람도 있습니다.

8. 이처럼 다양한 예배를 인도할 때, 제단에서의 예배인도자(목사)의 적절한 자세는 어떤 것입니까?
  목사가 성례전적인 예배내용을 집행하는 동안에는, 회중을 향해야 합니다. 그때의 목사는 주님의 사신(使臣)으로 회중 앞에서 주님의 이름으로 그들에게 말하기 때문입니다.(고후 5:20)
  그러나 목사가 제사적인 예배내용을 인도하는 동안에는, 회중과 함께 제단을 향해야 합니다. 그때의 목사는 회중을 위하여 그들의 인도자로서 회중과 함께 주님께 말씀을 드리기 때문입니다.

이와 같이 예배를 인도하는 목사의 방향에 따라서, 예배 드리는 내용이 하나님께서 은총을 베푸시러 우리 가운데 오시는 것인지, 예배자들이 하나님께 영광과 찬양을 바치는 것인지를 알 수 있습니다.

9. 개인 예배와 공중 예배는 어떻게 다릅니까?

개인 예배는 문자 그대로 개인과 하나님 사이의 사귐입니다. 이에 비해서 공중 예배는 그리스도의 몸인 교회 공동체가 교회에 모여서 하나님과 교제하는 공동으로 드리는 연합 예배입니다.

10. 개인 예배와 공중 예배의 구별이 필요합니까?

필요합니다. 왜냐하면 참 예배는 다른 사람들과 함께 하지 않고서는 드릴 수 없는 불가분의 요소들이 있기 때문입니다. 더욱이 공중 예배는 항구적인 제도로서 사도들이 만든 규칙이며, 신약교회 이래로 지켜온 우리 기독교회의 아름다운 유산이기 때문입니다. 히브리서 10장 19-25절은 공동 예배에 관하여 아주 분명하게 가르치고 있습니다. 요약하면 "모이기를 힘쓰라."는 권면입니다.

11. 기독교 예배는 어떻게 부패하게 되었습니까?

중세 기독교회가 부패하게 될 때, 교회의 예배도 역시 부패하게 되었습니다. 당시 교회는 사람들에게 자신들의 선행과 기도, 순례와 금식 등이 자신들의 죄를 사해준다고 가르쳤습니다. 그리하여 그리스도의 사죄의 업적과 그리스도에 대한 신앙은 그 빛을 잃게 되었습니다. 따라서 예배의 성례전적 요소들, 다시 말하면 하나님의 은총이 전달되는 수단인 말씀과 성례전이 곡해되거나 축소되었습니다. 그리고 이에 반대로 예배의 제사적인 요소들은 지나치게 강조되었습니다. 그리하여 마침내 예배 전체가 - 성만찬까지도 하나님의 은총이 아니라, 하나님께 드리는 제사적 행위로 생각하게 만들었습니다. 이것이야말로 중세 로마교회가 저지른 가장 근본적이고 큰 잘못이었습니다.

12. 이런 예배는 어떻게 개선되었습니까?

루터교회의 개혁자들은 부패된 예배를 정화시키는 일에 선도적 역할을 하였습니다. 그들은 그릇된 가르침이 예배를 부패하게 만들었기에, 순수한 가르침의 회복을 통해서 순수한 예배의 회복을 가져올 수 있었습니다. 신약성경은 우리 인간의 행위로가 아니라 하나님의 은혜로 구원을 받는다고 가르칩니다. 그러므로 루터 박사가 주장한 것처럼, 참된 예배에 있어서 "하나님의 말씀"과 "성만찬"은 인간이 하나님께 드리는 제사가 아니라, 하나님께서 인간에게 오시는 은혜의 수단입니다. 따라서 성례전적인 행위는 예배에 있어서 가장 중요한 부분이 되어야 합니다.

13. 예배의식을 개정함에 있어서 루터교회 이외의 개혁자들이 가진 태도는 어떠하였습니까?

쯔윙글리는 취리히에서 소개한 최초의 『예배의식문』에서 루터의 미사형식을 거의 그대로 따랐습니다. 그러나 그는 얼마 후 신약성경에서 직접 그 근거를 찾을 수 없다고 주장하면서, 모든 의식적 요소들을 예배에서 제거하고 말았습니다.

칼빈은 제네바를 중심으로 개혁운동을 하였는데, 여러 가지 점에서 예배의식을 간소화해 보려고 하였습니다. 그는 교회가 지난 1,500년동안 드려온 예배의 내용 가운데서, 사도 시대에 있었던 예배의 내용만을 살려야 한다고 생각하였습니다. 이와 같은 의도에서 사도적이거나 초대 그리스도교적인 유산들을, 성경에 비추어 정당화할 수 없다는 이유로 다 포기해 버리고 말았습니다. 따라서 그는 교회를 단순히 하나님께 기도하는 집으로

만 만들어버렸으며, 그에게 있어서 제단은 단순한 책상에 불과했습니다. 성상, 그림, 심지어는 십자가마저도 제거하여 버렸습니다. 음악은 시편을 노래하는 형식으로 겨우 허용하였습니다. 결과적으로 예배에서 주의 만찬, 시편송, 설교와 기도만 남게 되었습니다.

존 낙스는 프랑크푸르트에 있는 영국인 교회를 위하여 『공동예배의식서』(The Book of common order)를 만들었는데, 후에 이것이 스코틀랜드의 정식 예배 의식서가 되었습니다. 칼빈이 인정한 의식서로 제네바의 영국인 교회에서 사용하였습니다. 칼빈의 정신과 크게 다르지 않습니다.

14. 다른 개신교에서도 루터교회의 예배개념을 그대로 인정합니까?

그렇지 않습니다. 루터교 이외의 다른 대부분의 개신교에서는 예배의 "제사적"요소를 주로 강조합니다.

루터교회의 예배처럼 하나님께서 임재하시는 내용(성례전적인 요소들)과 예배자들이 하나님을 향해서 바치는 내용(제사적인 요소들)과 같은 대화적인 구조가 없고, 예배자들이 일방적으로 하나님께 바치는 제사적인 내용들로 일관하고 있는 점이 크게 다릅니다. 그리하여 주의 만찬과 세례와 같은 성례전적인 의식마저도 하나님께서 은혜를 주시고 허락하시는 수단이라기보다 오히려 크리스천 자신의 제사적인 예배 행위라고 생각하기에 이르렀습니다.

15. 성공회(감독교회)의 예배개념은 어떻습니까?

성공회 안에서도 의식을 사용하는 교회와 무의식을 사용하는 교회의 예배 개념이 각기 다릅니다. 의식교회의 예배 개념은 로마가톨릭적이나 무의식교회는 칼빈적인 경향을 보이고 있습니다.

16. 루터교회의 개혁자들이 중세 예배에서 개정한 중요한 항목들은 무

엇입니까?

　루터교회의 개혁자들은 비록 라틴어 미사 경본에서 건전하고 성경적이라고 생각되는 모든 것을 그대로 보존시켰으나, 여러 가지 면에서 근본적인 변화를 시행하였습니다. 가장 큰 변화는 미사를 보는 관점이었습니다. 그때까지 제사적인 것으로 잘못 여겨져온 것을 성례전적인 것으로 바르게 이해하도록 하였습니다.

　또한 예배의식서가 라틴어에서 일반 대중의 언어로 번역되었으며, 성경을 자신들의 말로 번역하여 봉독할 때 알아들을 수 있도록 하였고, 설교는 이전 보다 더 큰 비중을 차지하게 되었습니다.

　그 밖에 예배의 내용 중에서 비성경적인 요소들은 모두 제거하였으며, 특히 예배음악은 새롭고 중요한 위치를 차지하도록 하였습니다. 특히 루터에 의해서 비로소 회중찬송(Choral)이 불려지게 되었습니다.

　그 외에 일반 기도(목회기도)와 성찬식 직전에 하는 참회 권고와 같은 몇 가지 순서를 추가하였습니다.

나. 예배의 준비

17. 주일 예배에 참예하기 전에 예배자가 준비해야 할 일은 무엇입니까?

　그날 예배에서 사용할 성경 봉독문(구약성서, 사도서간, 복음서)을 경건한 마음으로 읽고, 설교의 제목과 관련시켜서 은혜를 사모해야 합니다. 그리고 예배중에 부르게 될 찬송을 찾아두는 등, 예배 순서를 전체적으로 살펴보며 기도로 준비해야 합니다.

18. 예배를 드리는 사람이 성전에 들어가서 제일 먼저 해야할 일은 무엇입니까?

　머리를 숙이고 예배에 합당한 마음가짐을 위하여 조용히 묵기도(혹은 작은 소리로)를 해야 합니다.

19. 묵기도의 예를 들어주십시오.

"하나님, 저의 마음속에 당신의 성령을 보내 주셔서, 당신께서 저에게 주시고자 하신 은혜의 선물을 받을 수 있게 하여 주옵소서. 주 예수 그리스도의 이름으로 기도하옵나이다. 아멘."

또는,

"하나님, 오늘 여기 주님의 집에서 당신을 섬기고 예배하는 모든 사람을 축복하시사, 당신의 임재를 구하고 또 당신께서 주시는 평강과 기쁨을 누리게 하옵소서. 주 예수 그리스도의 이름으로 기도하옵나이다. 아멘."

20. 이렇듯 예배를 드리기 전에 성령의 임재를 간구하는 기도를 드리는 이유가 무엇입니까?

성령을 힘입어야만 예수 그리스도 안에서 하나님께 예배드릴 수 있기 때문입니다.(고전 12:3, 엡 2:18)

21. 왜 예배는 삼위일체 하나님의 이름으로 시작합니까?

하나님께서 자신을 아버지와 아들과 성령으로 나타내주셨기 때문이며, 또 목사가 복음을 선포하는 것도 삼위 일체이신 하나님의 권위에 의한 것이며, 믿는 자들이 교회에 모이는 것도 삼위일체이신 하나님께 예배를 드리기 위함이기 때문입니다.(출 3:13, 14와 마 18:20을 비교해볼 것)

22. 십자 성호 긋기는 어떻게 하는 것입니까?

삼위일체 하나님을 부를 때나, 교우간에 인사를 나눌 때 등, 십자 성호를 긋는 것은 오래된 기독교 전통입니다. 우선 희랍 정교회에서는 삼위 일체 하나님을 상징하는 엄지와 첫째 둘째손가락을 펴고 이마에 다음으로 가슴에 그리고 오른쪽 어깨에서 왼쪽 어깨로 손을 차례로 얹는 것에 반해서, 로마 가톨릭 교회에서는 이마 가슴 그리고 왼쪽 어깨에서 오른 쪽 어깨 위로 손을 얹습니다. 대체로 루터교회에서는 눈 높이에서 성부 하나님을, 가슴에서 성자 하나님을, 왼쪽 어깨 정도에서 오른 쪽 어깨 정도로 옮기며 성령 하나님을 부르며 성호를 긋는 형식을 취합니다.

23. 십자 성호 긋기의 의미는 무엇입니까?

여러 가지 해석을 가질 수 있습니다. 대체로 로마 가톨릭 교회에서는 사람들을 성화하기 위한 하나님의 축복을 간구하는 상징으로 사용하고 있습니다. 그러나 루터는 십자 성호를 긋는 것을, 우리가 받은 세례를 회상하기 위한 목적으로 사용해야 한다고 말합니다. 성호를 그음으로 죄에 대하여 죽고, 의에 대하여 다시 살게 된 것을 새롭게 상기해야 한다고 말합니다.

24. 왜 예배자들은 기도나 말씀에 대해서 "아멘"이라고 응답합니까?

"아멘"이란 말은 "그렇게 되옵소서" 혹은 "저도 그렇게 생각합니다"라는 뜻이 있습니다. "아멘"이라고 응답함으로써 교인들은 목사의 말을 받아들이고 확인합니다.

25. 예배를 위한 준비로써 죄의 고백을 하는 목적은 무엇입니까?

죄의 고백은 목사와 회중으로 하여금 하나님과 교제할 마음의 준비를 하게 합니다. 진정한 죄의 고백이 없이는 하나님께서 은혜를 우리에게 주시지 않을 뿐만 아니라, 우리가 드리는 기도와 찬양과 감사의 제사도 받으시지 않으십니다. (성찬으로 드리는 예배가 없을 경우에는 예배가 죄의 고백과 사죄 선언이 없이 예배를 시작할 수 있는데, 그 때는 찬미 드리는 영가로 시작하며 이상의 모든 준비 과정은 생략된다).

26. 준비 단계의 부분들에 대해서 말해 보십시오.

1). 죄의 고백과,
2). 은혜의 선포 혹은 사죄 선언이 있습니다.

27. 죄의 고백에는 어떤 내용이 들어있습니까?
1). 우리의 원죄와 우리가 지은 생각, 말, 행위 등으로 지은 실행 죄를 하나님께 고백하는 내용과,
2). 우리가 이 죄에서 떠나 하나님의 자비에 이르고 그리스도를 통하여 그의 은혜를 구하는 내용입니다.

28. 은혜의 선포(사죄 선언)에는 어떤 내용들이 있습니까?
여기에는 구원의 전 질서가 들어 있습니다.
1). 하나님께서는 우리에게 항상 긍휼을 베풀어 주셨으며, 그러므로 우리를 위하여 그의 아들을 내어 주셔서 죽게 하셨다는 것과,
2). 지금도 그리스도의 공로로 인하여 우리의 모든 죄를 용서해 주신다는 것이 있으며,
3). 하나님께서는 믿는 자들에게 하나님의 자녀가 되는 능력과, 거룩한 성령을 주심으로써 우리의 지식과 복종심을 더욱 풍성케 하신다는 것 등이 들어 있습니다.

29. 여기에서 응답인 "아멘"은 무슨 뜻이 있습니까?
"아멘"은 하나님께서 우리의 죄를 용서해 주셨다는 것을 믿는 우리의 신앙을 확증하는 것입니다.
"진실로 진실로 그렇게 된 것을 믿나이다."

30. 주일에 드리는 의식 예배는 어떻게 구성되어 있습니까?
1). 말씀으로 드리는 예배와,

2). 성만찬으로 드리는 예배가 있습니다.

다. 말씀으로 드리는 예배
31. 말씀으로 드리는 예배는 어떤 것들로 구성되어 있습니까?
세 부분으로 구성되어 있습니다. 즉,
 1). 성경 봉독 : 찬송에서 대영광송(Gloria in Excelsis), 인사와 구약성서, 오늘의 시편, 사도서간, 복음서, 신앙고백과 찬송까지와,
 2). 말씀 : 설교 전 인사에서 설교 이후의 축도(votum) 까지이며,
 3). 봉헌 : 봉헌영가에서 목회 기도까지입니다.

32. 말씀으로 드리는 예배 의식은 무엇으로 시작됩니까?
찬송 혹은 찬미 드리는 영가(Introit)로 시작됩니다.

33. '찬미 드리는 영가(Introit)'의 기원은 무엇입니까?
'찬미 드리는 영가'로 번역된 Introit는 라틴어 '인트로이투스'(Introitus)에서 유래된 것으로 '시작한다' 혹은 '들어감'이라는 뜻입니다. 이 찬송은 예배를 인도하는 목사가 교회로 입장할 때나 또는 예배를 시작할 때 찬송을 부르기 때문에 그렇게 불리웁니다.
이것은 본래 유대인의 예배에 있던 시편 사용에서 유래한 것입니다. 사도시대의 교회에서도 사용되었던 것 같습니다.(시 100:1-2 참고)

34. '찬미 드리는 영가'는 무엇으로 구성되어 있습니까?
'찬미 드리는 영가'는 주로 응답송과 소영광송(Gloria Patri) 같은 시편 구절들로 구성되어 있습니다.

35. 응답송(Antiphon) 이란 말의 뜻은 무엇입니까?

응답송은 화답을 의미합니다. 이것은 고대 교회에서 시행된 것처럼 시편을 사회자와 회중이 번갈아 노래하는데서 유래한 말입니다.

36. 응답송은 어떤 구실을 합니까?

응답송은 짧은 성경 구절로 그날의 주제를 말해주며, 시편은 그날의 예배와 적절히 관련시킵니다. 예를 들면 성탄절의 '찬미 드리는 영가'에서는 응답송의 내용이 그리스도의 탄생을 알리는 것입니다.

그날의 주제는 '찬미 드리는 영가'를 노래할 때 소영광송(Gloria Patri) 다음에 응답송을 되풀이함으로 더욱 강조됩니다.

37. '찬미 드리는 영가'에 나오는 시편에 대하여 설명하여 주십시오.

'찬미 드리는 영가'에 나오는 시는 시편중의 한 구절입니다. 이것은 고대 교회가 예배를 시작할 때 전체 시편을 노래하던 습관에서 아직까지 남아 있는 부분입니다. 이것은 교회가 응답송을 통하여 선포되는 그날의 복음을 찬송으로 축하하는 것입니다.

38. 키리에란 말의 뜻은 무엇입니까?

이것은 희랍어로서 '오, 주여'라는 뜻입니다.

(주: 라틴어에서 유래한 소영광송(Gloria Patri), 대영광송(Gloria in Excelsis), 그리고 희랍어에서 유래한 '주여, 불쌍히 여기소서'(Kyrie)와 같은 명칭은 모두 그 원어를 그대로 사용한 것입니다. 이러한 것들은 본래 그 말을 쓰던 나라의 예배에서 처음으로 생긴 의식이기 때문입니다. 고대 교회 예배에서는 모든 명칭이 그대로 원어로 사용되었습니다.)

39. 키리에는 어떠한 역할을 합니까?

회중은 자기들이 내적인 죄로 인하여 연약하다는 것을 알고 이미 '찬미 드리는 영가'에서 선포되고 주어진 은혜를 얻기 위하여 하나님께 부르짖습니다.

40. 키리에에서 동일한 간구가 세 번이나 반복되는 이유는 무엇입니까?
우리가 간구하는 은혜는 성부 되신 하나님으로부터 성자를 통하여, 성령으로 말미암아 주어지기 때문입니다.

41. 긍휼을 간구하는 이 키리에의 내용은 무엇입니까?
이 부분은 주로 누가복음 18장 35-43절에서 언급된 사건의 순서를 그대로 반복하고 있습니다.
소경은 비참한 가운데서 예수님께 긍휼을 간구 했습니다. 이같이 우리도 키리에에서 긍휼을 간구합니다. 그 소경은 끈기 있게 외쳤습니다. 우리도 역시 같은 내용의 간구를 세 번 반복합니다.

42. 대 영광송(Gloria in Excelsis)이란 무엇입니까?
이것은 그리스도 교회의 가장 오래된 아침 찬송 중의 하나로서, 은사로 주신 아들 가운데서 나타난 하나님의 영광을 찬양하는 예찬의 찬송입니다. 이 명칭은 라틴어 역의 처음 말이며, '지극히 높은 곳에서는 영광이요'라는 뜻입니다.

43. 이 대 영광송은 누가, 언제 맨 처음으로 노래했습니까?
그리스도께서 탄생하셨을 때, 천사들이 처음으로 불렀습니다.(눅 2:14)

44. 루터 선생은 이 대 영광송에 관하여 어떻게 말합니까?
"이것은 이 세상에서 생기고 만들어진 것이 아니라 하늘로부터 내려온 것이라."고 했습니다.

45. 이 대 영광송의 내용은 어떻게 요약할 수 있습니까?
1). 성부 되신 하나님께 대한 찬양이 있는데,
   ①. 천사들의 말이며,
   ②. 열광적인 찬양과 감사, 곧 교회의 말입니다.
2). 성자 되신 하나님께 대한 찬양이 있는데,
   그를 주, 독생자, 그리스도, 하나님, 하나님의 어린양으로 인정합니다.
3). 성자 되신 하나님에 대한 간구가 있는데,
   ①. 이 세상의 죄를 없이 하심으로 베풀어주시는 분으로,
   ②. 성부이신 하나님 우편에 앉아 계셔서 긍휼을 베푸시는 분으로 노래합니다.
4). 성자 되신 하나님께 대한 찬양이 있는데,
   성부와 성령과 동등하신 능력과 영광과 거룩하심을 성자에게 돌림으로 그는 우리의 기도와 찬양의 근거가 되심을 노래합니다.

46. 서두에 나오는 '인사'는 무슨 뜻이 있습니까?
인사는 예배에 참여하는 성도간의 인사로 '오늘의 기도'(collect)를 소개합니다. 목사와 회중은 서로를 위하여 기도하며 말씀을 통하여 오시는 주님의 임재를 간구합니다. 중세 교회 예배에서는 중요 부분마다 인사와 응답이 있었습니다.

47. '오늘의 기도'(Collect)란 무엇입니까?
'오늘의 기도'(Collect) 란 교회력의 정신을 잘 반영한 간단한 기도문입니다.

48. '오늘의 기도'를 '칼렉트'(collect)라고 부르는 이유는 무엇입니까?
이 기도는 오랜 역사를 가지고 있는데, 아마도 전체 교인들의 기도를

함께 모아 놓은 것(Collect)이기 때문이거나, 또는 복음서와 사도서간문의 사상을 한데 모아놓은 것이기 때문일 것입니다. 이 '칼렉트'란 말은 라틴어의 '칼렉타'(Collecta)와 '칼렉티오'(Collectio)란 말에서 나온 것입니다.

49. '오늘의 기도'는 어떻게 구성되어 있습니까?

완전한 상태의 기도문은 다섯 부분으로 되어 있습니다. 곧, 1) 기도의 대상자에 대한 부름. 2) 간구할 수 있는 근거. 3) 간구. 4) 필요한 은혜. 5) 송영 등으로 이루어져 있습니다.

이 중에서 '간구할 수 있는 근거와, 필요한 은혜' 부분(일용할 양식의 차원)은 종종 생략됩니다.

50. '오늘의 기도'의 실례들을 들어보십시오.

내 용	성회 수요일	부 활 절	성령 강림절	성 삼위일체 주일
하나님을 찾음	전능하시고 영원히 살아계시는 하나님 아버지	전능하신 하나님 아버지,	우리 주 예수 그리스도의 아버지이신 하나님,	우리의 아버지이신 전능하신 하나님
선재적 이유	주님은 친히 지으신 모든 것을 사랑하시며 모든 죄인들을 용서해 주시나이다.	주님은 우리를 구원하기 위해서 외아드님을 십자가에 달려 죽으시게 하셨으나 영광스런 부활로 우리를 죽음의 세력에서 구하셨나이다.	주님께서는 약속하셨던 성령을 제자들에게 보내셨나이다.	주님께서는 존귀와 영광 가운데 계시며, 성령의 능력으로 모든 피조물을 새롭게 하시며 충만케 하시나이다. 또한 주님의 아들 예수 그리스도를 통하여 영광을 드러내시나이다.

내용	성회 수요일	부활절	성령 강림절	성 삼위일체 주일
간구	우리 안에 새롭고 정직한 마음을 창조하옵소서.	우리로 매일 죄에 대하여 죽게 하시옵소서.	우리로 주님의 교회를 섬기게 하시고 우리의 마음을 열어 성령의 능력을 받게 하옵소서.	우리를 모든 의심과 두려움에서 벗어나게 하시고 주님을 온전히 예배할 수 있게 하시옵소서.
은총의 요구	우리의 죄를 진실되게 고백함으로 주님의 모든 자비와 긍휼과 용서하심을 받게 하옵소서.	우리가 부활의 기쁨속에 영원히 주님과 함께 살게 하시옵소서.	우리 안에서 주님의 사랑이 불타게 하시고, 주님의 나라를 위해 봉사하는 삶이 되게 하옵소서.	
송영	유일하신 성부와 성자와 성령과 함께 영원히 살아계셔서 다스리시는 우리 주 예수 그리스도의 이름으로 기도합니다. 아멘.	유일하신 성부와 성자와 성령과 함께 영원히 살아계셔서 다스리시는 우리 주 예수 그리스도의 이름으로 기도합니다. 아멘.	유일하신 성부와 성자와 성령과 함께 영원히 살아계셔서 다스리시는 우리 주 예수 그리스도의 이름으로 기도합니다. 아멘.	유일하신 성부와 성자와 성령과 함께 영원히 살아계셔서 다스리시는 우리 주 예수 그리스도의 이름으로 기도합니다. 아멘.

참고 : 박성완, 『교회력에 따른 기도와 묵상집』, 서울 : 컨콜디아사, 1999.

51. '오늘의 기도'는 누가 드립니까?

예배 규정에 의하면 이 기도문은 목사가 드리도록 되어 있습니다. 그러나 이 기도문이 준비되어 있다면, 예배하는 모든 회중 역시 목사를 따라 속으로나, 작은 목소리로 드릴 수 있습니다. "다같이 기도합시다."라는 말과 "아멘"이란 말을 사용하는 것도 바로 이러한 이유 때문입니다. 이 기도가 끝난 다음에 교인들은 "아멘"을 노래하거나 말하도록 되어 있습니다

52. '오늘의 기도'는 어떠한 기능을 가지고 있습니까?
'오늘의 기도'는 그날을 위해 준비된 특별한 성경 말씀을 받아드릴 수 있도록 교인들의 마음을 준비하게 합니다. 목사와 교인들은 '오늘의 기도'를 통하여 그날의 말씀이 베풀 특별한 은혜를 간구합니다.

53. 지금 루터교회 예배의식에 들어있는 '찬미 드리는 영가', '오늘의 기도', '사도서간문' 및 '복음서 봉독'은 언제 완성된 것들입니까?
찰스 대제 (A.D. 800 년) 때 완성되었습니다.

54. 우리가 지금 사용하고 있는 '오늘의 기도'들은 얼마나 오랫동안 사용되어 왔습니까?
그 대부분은 거의가 1,200년 이상 사용되어 온 것들입니다.

55. '오늘의 기도'는 현재 어느 정도 널리 사용되고 있습니까?
독일, 덴마크, 노르웨이, 스웨덴, 미국 및 전세계의 루터교에서 사용되고 있습니다. 영국 내의 전 교회, 미국 내의 성공회 등에서도 사용되며 로마 교회에서는 라틴어로 사용되고 있습니다.

56. '오늘의 기도'의 응답은 어디서 찾을 수 있습니까?
설교와 함께 예배의 주요 부분을 이루고 있는 그날의 사도서간문과 복음서에서 찾을 수 있습니다.

57. 구약성경은 어떤 내용을 어디에서 봉독합니까?
예배에서 봉독하는 성경 본문은 그날 봉독될 복음서의 내용과 일치해야 합니다. 구약 성경은 사도 서간보다 먼저 봉독하여야 합니다. 사도 서간과 복음서는 언제나 반드시 봉독해야 합니다.

58. 서간문(Epistle)이란 말의 뜻은 무엇입니까?

서간문이란 사도들이 교회들에게 보낸 편지를 말합니다. 그것은 보통 신약 성서의 서신(letter) 중에서 읽기 때문입니다.

59. 사도서간이란 무엇입니까?

사도서간은 성령께서 사도를 통하여 신자들에게 주시는 '말씀'입니다. 그 말씀 안에는 신자들의 특성을 나타내 주는 신앙과 생활이 기록되어 있습니다. 바울은 성탄절 사도서간문에서 그리스도의 탄생이 우리에게 어떠한 의미를 주는가에 대해 말하며, 이 위대한 사실을 깨닫고 행해야 할 우리의 삶의 태도를 기록하였습니다.

60. 사도서간 봉독 후 "할렐루야"라고 응답하는 이유는 무엇입니까?

"할렐루야"는 히브리어로 "여호와를 찬양하라"는 뜻입니다. 이것은 하나님의 백성이 언제나 그의 말씀을 받을 때 나타낼 수 있는 기쁨의 표현입니다.

(주 : "할렐루야"란 말은 시편에 빈번히 나오는데 특히 시편 104편 이후부터 그러합니다. 계시록 19장에는 이 말이 네 번이나 나옵니다. 이 말은 특히 초대 기독교에서 자주 사용되었습니다. 농부들은 노를 저을 때 할렐루야를 외쳤으며, 군인들은 할렐루야를 함성으로 사용하였습니다. 초대 교인들은 부활절 아침에 "할렐루야, 주께서 부활 하셨네", "진실로 부활하셨네"라는 말로 인사를 주고받았습니다. 예배의식에서 매우 일찍부터 사용된 말이며 특히 시편이나 찬송과 함께 사용되었습니다.)

61. 여기서 할렐루야 외에 무엇을 더 할 수 있습니까?

예배 규정에서 암시해 주는 바와 같이 적절한 단구를 할렐루야와 함께 사용하거나 혹은 할렐루야 다음에 찬송을 부를 수도 있습니다.

62. 복음서 봉독은 예배의 어느 부분에 해당합니까?

말씀의 예배의식에서는 절정에 달하는 부분에서 그날의 복음서 봉독 순서가 위치해 있습니다.

63. 복음서 봉독의 중요성은 어떠한 방식으로 강조됩니까?

복음서를 봉독할 때 회중을 일어서게 하는데, 존경의 뜻으로 그렇게 합니다.

64. 복음서 봉독 이전에 교인들이, "주께 영광 돌리세"라고 노래하는 이유는 무엇입니까?

그리스도께서 친히 말씀하신 복된 말씀을 들을 수 있다는 즐거움을 표현하기 위해서 입니다.

65. 그날의 복음서(The Gospel of the Day)란 무슨 뜻입니까?

이것은 성령께서 복음서 기자를 통하여 선포하시는 복된 소식입니다. 거기에는 그리스도의 구원하시는 말씀과 행적이 기록되어 있습니다.

66. 회중은 이 복음서 봉독 후 말씀을 어떻게 받아들입니까?

회중은 모두 "주께 찬양 드리세"를 노래함으로 그 복된 소식에 대하여 그리스도께 영광과 찬양을 돌립니다.

67. 신앙고백(신조)이란 무엇입니까?

신조는 우리가 믿는 내용에 대한 진술서입니다. 이 말은 "나는 믿습니다."라는 라틴어(Credo)에서 유래되었습니다.

68. 예배의식에 신조가 들어가는 이유는 무엇입니까?

하나님의 말씀을 우리가 공적으로 받아들였다는 것을 진술 할 필요가 있기 때문입니다. 이와 같은 신앙 고백을 하기에 가장 적당한 자리는 예배를 드리는 자리입니다.(마 10:32, 16:15-18, 롬 10:9).

69. 예배의 이 부분에서 신조를 암송하는 이유는 무엇입니까?
여기서 회중은 읽은 하나님의 말씀을 받아들이고 회상하며 또 복음서에 나타난 신앙을 간결하게 고백하기 위해서 입니다.

70. 회중은 그들의 신앙을 어떤 방식으로 고백합니까?
회중은 가장 오래된 니카야 신조와 사도신조로 신앙을 고백합니다. 니카야 신조는 특히 그리스도의 품격(Person)을 중히 여기는 신앙의 보다 완전한 진술서이기 때문에 사도신조보다 더 애용되었습니다. 그러나 내용이 길기 때문에 일반적으로는 사도신조를 자주 사용하고, 성찬이 베풀어지는 주일이나 부활절과 같은 특별한 절기에는 니카야 신조를 사용하는 전통이 있습니다.

71. 니카야 신조란 무엇입니까?
신앙 고백은 복음서의 가르침에 대한 요약문이며, 동방 교회에서 세례제도(Baptismal Commission)를 근거로 하여 발전된 것입니다.(마 28:19 참고)

(주 : 니카야 신조의 제1조와 제2조는 AD. 325년에 18명의 감독들이 모인 아시아 비니시아(Bithynia)의 니카야(Nicaea) 총회에서 채택한 것입니다. 제3조는 AD. 381년 콘스탄티노플(Constantinople) 회의에서 채택되었습니다. 제2조는 그리스도의 신성에 관하여 참된 교리를 정하기 위하여 만들어진 것입니다. 이것은 예수님께서 성부와 동등하신 하나님의 영원한 아들이 아니라고 한 아리우스(Arius)의 가르침을 배격하는 것이었습니다.)

72. 사도신조란 무엇입니까?

이것은 특히 서방 교회에서 발전된 신앙 고백문 혹은 복음서의 가르침에 대한 요약문입니다.

(주 : 이 신조를 사도신조라고 하는 이유는 열두 사도가 각각 한 구절씩 만들어서 이루어졌다는 고대의 전승 때문입니다. 그러나 로마 초기의 다른 신조들과 마찬가지로 사도신조도 역시 세례제도(Baptismal Commission 마 28:19)에서 현재의 형태로 발전된 것입니다. A.D. 750년 이후부터는 이 신조에 어떤 수정도 없었습니다. 이 신조는 매우 일찍부터 공인된 신조로서 일반적으로 세례식(Baptismal Service)에서 사용되었기 때문에 세례 신조(Baptismal Creed)라고 부르기도 합니다.)

73. 설교 전에 찬송을 부르는 이유는 무엇입니까?

설교 전에 말씀을 들을 수 있도록 교인들의 마음을 준비시키기 위해서입니다. 이 찬송은 예배 가운데서 가장 중심된 찬송입니다.

74. 이 찬송의 성격은 어떤 것이어야 합니까?

이 찬송은 그날의 교회력의 정신에 알맞은 것이어야 하며 설교 내용과 일치되어야 합니다.

75. 설교란 무엇입니까?

설교란 봉독한 성서 말씀을 설명하고 삶에 적용하는 선포된 하나님의 말씀입니다.

76. 설교가 성서 본문과 조화되어야 하는 이유는 무엇입니까?

기록된 말씀인 성경과 일치되지 않는 설교(선포된 말씀)는 예배를 혼란시킬 수 있습니다. 성경 본문과 설교의 주제는 반드시 일치해야 합니다.

전체 예배의 통일성을 위해서도 그렇게 해야 합니다.

77. 성경 어디에 설교후의 축도(보툼-Votum)가 있습니까?
바울 서신인 빌립보서 4장 7절에 나옵니다.

78. '보툼'(Votum)이란 무엇입니까?
설교가 끝난 다음 설교자가 회중에게 말하는 일종의 축복선언입니다. 이것은 그리스도이신 예수를 통하여 설교된 말씀 안에서 베풀어진 하나님의 평강이, 회중의 마음과 신앙을 참된 신앙 안에서 영원한 생명에 이르기까지 지켜 주리라는 축복의 선언인 것입니다.
이 보툼은 말씀의 예배를 끝맺고 요약하는 것이라고 할 수 있습니다.

79. 봉헌이 예배에 포함되는 이유는 무엇입니까?
우리의 신앙은 실제로 표현되어야 합니다. 하나님의 풍성한 은사는 우리로 하여금 할 수 있는 모든 것을 그에게 드리지 않을 수 없게 합니다

80. 우리는 무엇을 하나님께 드릴 수 있습니까?
우리에게는 죄를 속죄할 만한 아무 것도 없습니다. 그러나 그리스도께서 우리를 위하여 그 자신을 드리심으로 주신 속죄를 받았다면, 우리는 마땅히 우리 자신을, 기도와 찬양 그리고 감사의 제사와 함께 드려야 하겠습니다. 하나님께서는 이러한 봉헌을 기쁘게 받으십니다.

81. 공중 예배(Common Service)의 봉헌 영가(Offertory)는 어디에서 유래한 것입니까?
시편 51편에서 유래된 것입니다.

82. 봉헌 영가의 목적은 무엇입니까?

봉헌 영가는 시편 51편에서 온 구절인데, 하나님의 말씀을 들은 것에 대한 응답으로 부르는 찬양입니다. 곧 우리들이 들은 말씀이 우리의 것이 되었고, 우리 안에서 효력을 나타냈다는 것을 찬양합니다. 우리는 이 봉헌 영가로 하나님께서 우리를 죄에서 청결케 하시고, 신앙을 더욱 깊게 하시며 보이는 말씀인 성례전을 받아들일 준비를 할 수 있도록 우리 자신을 하나님에게 드립니다.

83. 봉헌 영가 다음에는 무엇이 계속됩니까?

봉헌 영가 다음에는 노동의 결실을 물질로 바칩니다. 우리는 하나님의 교회가 가난한 자들과 국내외 선교사업, 교육과 고아를 돕는 등 모든 자선 사업을 위하여 일하도록 관심을 가지고 적극적으로 동참할 의무가 있습니다.

84. 일반기도(General Prayer)-혹은 목회기도에 앞서 목사가 광고할 일은 무엇입니까?

목사는 일반 기도(목회 기도)를 드리기 전에 회중으로부터 특별한 부탁 받은 기원이나 대도나 감사에 대해서 회중에게 알리는 것이 좋습니다. 그리고 교인 중에 결혼이나 죽은이가 있으면 역시 이 시간에 알릴 수 있습니다.

85. 일반 기도(목회 기도)에서는 무엇을 드립니까?

하나님의 은총이 목회 전 사역에 임하도록 기도합니다.

86. 우리가 이 기도를 일반 기도(목회 기도)라고 부르는 이유는 무엇입니까?

이 기도에서는 우리 자신뿐만 아니라 각계 각층의 모든 사람에게 주어질 모든 축복을 빌기 때문입니다.

87. 이 기도는 얼마나 오랫동안 사용되어 왔습니까?
1553년 이후부터 지금까지 거의 변동이 없이 사용되어 왔습니다. 이 기도의 기원은 모든 사람을 위하여 간구와 중재와 감사를 드리라는 사도의 명령에서 찾을 수 있습니다.(딤전 2:1-2)

88. 일반 기도의 내용을 요약하십시오.
하나님을 그리스도 안에서 아버지라고 부르며, 모든 축복에 대한 전반적인 감사와, 그리스도와 말씀의 은사에 대한 특별 감사, 그리고 말씀이 우리에게서 결실되기를 바라는 간구입니다.

- ⊙ 교회를 위한 간구 내용으로는,
  목사와 교인을 위하여.
  순수한 교리를 위하여.
  굳센 믿음을 위하여.
  풍부한 사랑을 위하여.

- ⊙ 국가를 위한 간구 내용으로는,
  통치자, 입법자, 재판관들을 위하여.
  좋은 정치와 사회 질서를 위하여.
  원수들을 위한 간구.
  화해를 위하여.
  번민하는 자들을 위한 간구.
  모든 고난 당하는 자들을 위하여.

특히 의를 위하여 고난 당하는 자들을 위하여.
이들이 고난 속에서도 하나님의 섭리를 깨닫도록 하기 위하여.

◉ 죄 사함을 위한 간구 내용으로는,
모든 악으로부터의 보호를 위하여.
영적, 도덕적, 육체적인 모든 죄의 용서를 위하여.

◉ 다음과 같은 것들을 위한 간구
자연의 소산을 위하여.
기독교 교육을 위하여.
모든 적당한 소유를 위하여.
순수한 예술을 위하여.
유용한 학문들을 위하여.

◉ 특별한 간구
(문제 82번을 참고)

◉ 마 감
이 모든 감사와 중재와 간구는 우리 주 예수 그리스도의 이름으로 드립니다.

89. 공중 예배의 기도가 자유기도(free prayer)보다 더 중요합니까?
그렇습니다. 공중 예배 때의 기도는 목사의 개인 기도가 아니라 교회의 기도이며 동시에 전체 교회의 기도이기 때문입니다. 그리고 개개인도 여기에 쉽게 참여 할 수 있기 때문입니다. 하나님의 백성이 필요로 하는 것은 언제나 동일하며, 교회가 오랜 동안의 경험을 통하여 발전시킨 아름다운 형식은, 어느 때나 신자들에게 필요한 것을 충분히 표현해 줍니다.

90. 일반 기도 후 계속하여 주기도를 드리는 이유는 무엇입니까?

어떤 형태의 기도이든지 주께서 가르쳐 주신 기도가 없이는 불완전하기 때문입니다. 그리스도께서는 제자들에게 "너희는 기도할 때에, 하늘에 계신 우리 아버지여, …… (눅 11:2)라 하라"고 가르치셨습니다.

루터 선생께서는, "주기도는 기도중의 기도이며, 주님께서 영, 육 간의 모든 필요물을 다 여기에 포함시키셨다"고 말합니다.

91. 성만찬은 예배 의식에서 제외되어야 할 것입니까?

결코 제외되어서는 안됩니다. 말씀만의 예배는 완전한 예배가 못됩니다. 왜냐하면 이 성찬은 말씀의 예배를 통하여 주어진 모든 것을 개인이 받은 표시이기 때문입니다. 성찬 없는 예배는 마치 초대받은 손님들이 풍성한 대접을 받기 전에 자리를 떠나버리는 것과 같은 것입니다.

우리가 예배를 총칭하여 '공중 예배'(The Communion Service)라고 하는 이유도 바로 여기에 있습니다.

92. 성만찬이 생략될 때는 예배를 어떻게 끝맺어야 합니까?

찬송이나 송영 혹은 축도로 끝맺어야 합니다.

93. 송영(Doxology)이란 무엇입니까?

송영이라는 말은 희랍어 doxa(영광)와 logos(말씀)라는 두 단어가 결합되어 만들어진 용어입니다. 삼위일체 하나님께 드리는 찬양은 모두 '송영'이라고 할 수 있습니다. 대 영광송 혹은 대송영(Greater doxology)과 소 영광송 혹은 소송영(Lesser Doxology)이 그것들입니다.

94. 회중이 교회를 떠나기 전에 마지막으로 해야 할 일은 무엇입니까?

그들은 이 예배를 통하여 하나님께서 베풀어주신 은혜를 감사하고, 앞으로도 굳게 지켜주실 것과 선행으로 좋은 열매를 맺게 해 주실 것을 다짐하는 인사를 나누고 묵기도를 드려야 합니다.

95. 마지막 묵기도의 예는 어떤 것입니까?

하나님, 저에게 이처럼 은혜를 베풀어 주시오니 감사하옵나이다. 이 은혜로 저를 강건케 하사 믿음 안에 굳게 서서 착한 일을 행하게 하여 주시옵소서. 주 예수 그리스도의 이름으로 기도하옵나이다. 아멘.

라. 성찬으로 드리는 예배

96. 전통적으로 성찬 예배를 어떤 방식으로 강조했습니까?

제1부인 '말씀의 예배'는 세례 지망자들의 예배(Mass of Catechumens)로 그들을 위한 특별한 기도를 드리고 돌아가게 하였습니다. 그러나 제2부인 신실한 자들의 예배(Mass of the Faithful)는 수세자들(Communicants)만이 참예할 수 있도록 하였습니다. 그래서 출입문은 자물쇠를 채우고 문지키는 사람이 있어서 아무도 거룩한 예배를 엿볼 수 없도록 하였습니다. 이렇듯 전통적인 예배 의식은 교인들이 어떠한 마음으로 성찬에 참예했는지를 잘 말해 줍니다. 즉 "어느 누구도 남에게 대적하는 마음을 갖지 말라. 아무도 거짓된 마음으로 성만찬에 참예하지 말라. 오직 두려움과 떨림으로 주님 앞에 똑바로 서라."고 예배 규정은 말하고 있습니다.

97. 성만찬을 시작할 때 목사와 회중은 어떤 자세를 취해야 합니까?

찬송을 부르는 동안 목사는 제단으로 가서 성찬기(Communion Vessel)를 준비하고 성만찬을 베풀 준비를 갖추어야 합니다. 찬송이 끝나면 회중은 모두 일어나 '하나님의 어린양'(Agnus Dei)이란 영창이 끝날 때까지 그대로 서 있어야 합니다.

98. 성찬 예식의 주요 부분으로는 어떠한 것들이 있습니까?
   1부 - 서언을 말하고,
   2부 - 성찬 집례하며,
   3부 - 성찬 후의 친교를 나눕니다.

99. 서언(Preface)이란 무엇입니까?
'서론', '서문'의 뜻으로 라틴어 'praefatio'에서 온 것입니다. 이것은 '미리하는 말'이라는 뜻입니다.

100. 이 서언의 성격은 무엇입니까?
일종의 '큰 감사'입니다.

101. 서언은 어떻게 이루어져 있습니까?
1). 인사와 응답,
2). 서언문(Prefatory Sentence),
3). 성찬기도,
   ① 일반서언
   ② 특별서언
4). 거룩송(Sanctus)이 있습니다.

102. 성경 중 어디에 이런 인사와 응답의 말씀이 있습니까?
인사는 누가복음 1:28, 룻기 2:4, 그리고 응답은 디모데후서 4:22에 있습니다.

103. 이런 인사는 누구에게 하는 것입니까?
목사와 회중 사이에 하는 것입니다.

104. 인사의 목적은 무엇입니까?
축복으로 예배자들에게 문안하는 것이며 회중들에게 주의를 환기시키고 경건한 마음을 가지게 하며 곧 성만찬으로 드리는 예배가 시작됨을 알리는 것입니다.

105. 이 외에도 인사에는 무슨 뜻이 있습니까?
"우리가 마땅히 빌 바를 알지 못하나 오직 성령이 말할 수 없는 탄식으로 우리를 위하여 친히 간구 하시느니라."(롬 8:26)는 말씀과 같이, 우리가 주님께 나아가기 전에 주님께서 먼저 우리에게 오셔야 한다는 것입니다.

106. 응답에는 어떠한 의미가 들어 있습니까?
교인들은 이 응답을 통하여 목사에게 축복이 있기를 간구하고, 주님께서 그에게 경건한 마음을 주시사 이제 곧 행할 그의 직무를 잘 수행하도록 인도해 주시기를 빕니다.

107. 서언문(Prefatory Sentence)은 어떠한 중요성을 가지고 있습니까?
이 서언문은 기독교 초기부터 성만찬 예식을 시작할 때 사용하였습니다. 이 서언문은 인사와 응답과 밀접한 관계를 가지고 있으며 회중에게 기쁨과 감사로 충만해야 할 경건한 마음을 가지게 합니다.

108. 서언문의 첫째 구절은 무슨 뜻이 있습니까?
"마음을 주님께 들라."(라틴어: Sursum Corda), 즉 세상 것을 생각지 말고 일어서서 하나님의 보좌 앞으로 나아가 기도와 찬미를 드리라고 합니다. 왜냐하면 그리스도께서는 이 성례전 가운데 임재하실 뿐만 아니라 하나님의 우편에 앉아 계시기 때문입니다. "마음을 향해 든다"는 것은 거룩송(Sanctus)에서 가장 잘 드러납니다.

109. 회중은 "마음을 주님께 들라."에 대하여 어떻게 응답합니까?
회중은 목사의 권고를 받아들이고, "우리의 마음을 주님께 향해 드나이다."라는 말로 응답합니다.

110. 서언문의 둘째 구절의 뜻은 무엇입니까?
"우리 주 하나님께 감사드리세."(라틴어: Gratias agamus), 즉 회중을 하나님의 보좌 앞에 나아가게 한 후 목사는 회중의 마음을 감동시켜 주님의 특별하신 은혜를 알게 하고 그들이 해야 할 기도의 성격을 제시해 줍니다.

111. 회중은 이것을 어떻게 받아들입니까?
"이것이 마땅하고 유익하나이다."라는 말로 응답함으로 감사하는 마음으로 받아들이고 성만찬 기도에 참여할 준비가 되었음을 선포합니다.

112. 성만찬 기도(Eucharistic Prayer)의 성격은 어떠합니까?
이것은 일종의 감사기도이며, 주님께서 성만찬 제도를 제정하시기 위하여 떡과 잔을 드셨을 때 드린 감사 기도를 본뜬 것입니다. 교회는 늘 이것을 은혜로 생각하고 성만찬에 참여하기 전에 이 감사의 기도를 드렸습니다. (고전 10:16)
이 감사의 기도는 희랍어로 'Eucharistia'라고 불려졌으며 이 용어가 전체 예배에 사용되게 되었습니다. 성만찬 기도는 서언에 있어서 가장 중요한 부분이며 중요한 위치에 있습니다.

113. 성만찬 기도를 드리는 동안 목사는 어떤 자세를 가져야 합니까?

목사는 이 기도를 드리는 동안 반드시 제단을 향해야 합니다. 축복을 기원할 때는 누구나 제단을 향하고 있어야 합니다. 하나님께 바치는 제사적인 성격이기 때문입니다.

114. 성만찬 기도는 누구에게 드립니까?

성부 하나님께 드립니다.

115. 이 기도의 내용은 무엇입니까?

1). 일반서언 : 이것은 작은 두 부분으로 나눕니다.
   ① 일반감사(General Thanksgiving):
      "거룩하시고 전능하신 하나님,……"
   ② 결 론: " 그러므로 우리는 천사들과 모든 하늘의……"
2). 특별서언
   이것은 일반 서언의 ①, ② 사이에 넣습니다.

116. 일반 서언 혹은 일반 감사의 첫 부분의 의미는 무엇입니까?

이것은 물질적이고 영적인 하나님의 모든 축복에 대한 증언과 확인입니다. 옛날에는 하나님께서 천지를 창조하신 일부터 시작하여 구속의 전 과정을 감사하는 내용으로 대단히 길게 드렸습니다.(시 26:6, 7)

117. 특별 서언을 설명하십시오.

특별 서언은 하늘 아버지께서 그리스도 예수를 통하여 우리에게 주신 구속의 축복에 대하여 드리는 특별한 감사입니다.

118. 이 특별 서언은 어떤 기준에 의해서 달라집니까?

이 특별서언은 교회력에 따라 변합니다. 그날의 예배와 성찬식을 밀접하게 관계시켜주며 또한 구속의 중심적인 요소들로 성만찬 기도의 내용이 되게 합니다. 예를 들면 위에 이미 언급한 바와 같이 성탄절의 특별서언은 우리 주님의 성육을 그 기도의 중심주제로 합니다. 그러나 성령강림절 후 주일부터는 특별 서언이 없습니다.

119. 성찬기도의 결론을 설명하십시오.

성만찬 기도의 결론은 동시에 거룩송(sanctus)의 서론도 됩니다. 모두 한 가족이 되어 하늘 찬송을 부르는 하늘 예배에 참여하기 위하여 '그들의 마음을 주께 향해 든' 모든 사람에게 권고의 역할도 합니다.(엡 3:14, 15)

120. '거룩송'(Sanctus)이란 말의 뜻은 무엇입니까?

쌍투스는 '거룩함'을 나타내는 라틴어입니다. 이 찬송은 테르 쌍투스(Ter Sanctus) 혹은 트리사기움(Trisagium)이라고 불리는데, 둘 다 세 가지 거룩함(Thrice Holy)을 의미하는 것입니다.

121. '거룩송'이란 무엇입니까?

성만찬 예배에서 가장 중요한 찬송으로서 거룩하신 하나님을 향한 감사의 찬송입니다.

122. '거룩송'은 어떻게 구성되어 있으며 그 기원은 어디에 있습니까?

거룩송(Sanctus)는 두 절로 되어 있습니다. 첫 절은 예언자 이사야에게서 유래한 것입니다. 이사야는 하나님의 보좌 앞에서 천사장(세라빔)이 노래하는 것을 들었습니다.(사 6:2, 3)

둘째 절은 그리스도께서 예루살렘으로 입성하실 때 무리들이 부른 찬송입니다.(마 21:9) 이것은 주님께서 성만찬을 제정하실 때 제자들과 함께 부르신 것으로 여겨지는 찬송(시 118) 속에 있습니다.

처음 것은 하늘에서 부르는 찬송입니다. 둘째 것은 지상에서 드리는 찬양입니다. 이와같이 "하늘과 땅 위에 당신의 영광이 충만하도다." 라는 말이 성취됩니다. 각 절마다 "가장 높은 곳에서 호산나 "라는 말로 끝맺습니다.

123. '거룩송'의 첫 절의 성격을 설명하십시오.

이것은 열렬한 찬양입니다. 지상의 성도들은 이 노래를 부름으로써 하늘의 천사들과 함께 하나님의 완전하심을 선포하고, 창조와 구속에서 나타난 하나님의 영광이 만물을 충만케 함을 선언합니다.

124. '거룩송'(Sanctus)의 둘째 절에는 무슨 내용이 들어 있습니까?

여기서 우리는 그리스도를 구세주와 구원자로 찬양합니다. 따라서 이것은 쌍투스가 하나님으로서의 그리스도에게 찬양하는 찬송이 되게 합니다.(요 12:41) 그리고 여기서 우리는 각 개인에게 성찬 집행을 통하여 주님께서 임하실 일을 예상합니다.

125. "가장 높은 곳에서 호산나"는 무엇을 뜻합니까?

'호산나' 라는 말은 '비옵니다 우리를 구원하소서' 라는 뜻입니다. '가장 높은 곳에' 란 '높은 하늘에' 라는 뜻입니다.

이것은 가장 강렬한 감정의 절규이며, 가장 고귀한 찬양의 표현입니다. 이것은 또한, "하나님이여, 구원하소서"와 유사한 외침으로 설명되기도 합니다.

우리의 왕 되신 그리스도에 대한 열렬한 환영입니다.

126. 본래 권면의 목적은 무엇이었습니까?

이 권면은 뉴렘베르그(Nuremberg)의 볼프레흐트(Volfrecht)에 의해 로마 교회의 잘못된 가르침에 젖어 있는 일반 신도들에게 성만찬의 참 뜻을 가르치기 위하여 만든 것입니다.

127. 권면이 서언에 속한다고 보는 이유는 무엇입니까?

그 자체가 예배를 위한 준비의 성격을 띠고 있기 때문입니다. 어떤 루터교 예배의식에서는 이 권면이 서언의 자리에 나와 있습니다. 그리고 어떤 고대의 서언처럼 교훈의 성격을 지니고 있기 때문입니다.

(주 : 이것은 참으로 충실한 신자들이 드리는 '미사' 혹은 '예배'라고 할 수 있습니다. 주님의 식탁에 초대된 자들의 자비를 간구하는 가난한 세리라기 보다는 담대히 은혜의 보좌에 가까이 나아와 주님께 그의 마음을 바치고(서언에서), 화해의 하나님께 감사하고(성만찬 기도에서), 엄숙한 노래로 하나님을 찬양하는(거룩송에서) 의롭게 된 하나님의 자녀입니다. 이와 같은 마음이 충만할 때 비로소 신자들은 그리스도와 함께 만찬을 먹을 수 있습니다.)

128. 성찬 집례에 있어서 주요 부분은 무엇입니까?

1). 주기도(Lord's Prayer).
2). 성찬 제정에 관한 말씀(Institution).
3). '주의 평화' 혹은 '평화의 인사'(Pax).
4). '하나님의 어린양'(Agnus Dei).
5). 성찬 분배
6). 축 복

129. 주기도 전에 목사가 "다같이 기도합시다."라고 하는 이유는 무엇입니까?

비록 목사 혼자서 주기도를 한다 할지라도 그것은 목사가 주기도를 마친 후 교인들이 '아멘'이라고 함으로써 그것을 선포하고 확인하는 바와 같이, 주기도는 모든 성도들이 드리는 자기 봉헌의 기도이기 때문입니다.

130. 초대 교회는 왜 주기도를 성찬예배에 포함시켰습니까?
기도의 엄숙성 때문이었습니다.

1). 예로부터 이 기도는 하나님 아버지의 마음을 움직일 수 있는 신성하고 영적인 기도로 여겼습니다. 그것은 하나님의 아드님께서 우리에게 가르쳐 주신 기도이기 때문입니다. 이에 대해 싸이프리안(Cyprian)은 다음과 같이 말했습니다.

> "성령을 보내신 그리스도께서 가르쳐 주신 기도보다 더 신령한 기도가 어디에 있겠습니까?
> 진리 자체이신 그의 아들이 드린 이 간구보다 하나님께 더욱 참된 기도가 있겠습니까?"

2). 주기도를 드리는 것은 '참 신자들'만이 가질 수 있는 특권처럼 여겼습니다. 그러므로 초대교회에서는 오늘날 우리가 주기도를 드리듯 제1부에 놓지 않고 이 기도는 세례지망자들이 참예할 수 없었던 성찬 예배에서 드렸다고 합니다. 특히 세례를 받지 않은 세례지망자들에게는 이 기도가 엄중하게 금지되어 있습니다. 크리소스톰(Chrysostom)은 이에 대하여 다음과 같이 설명하였습니다. "아직 거룩한 물로 씻어 깨끗이 되기 이전에는 우리가 하나님을 아버지라고 부를 수 없다."

131. 주기도는 성만찬 봉헌 기도의 한 부분입니까?
그렇지 않습니다. 왜냐하면 주기도는 봉헌기도의 독특한 성격과도 맞지 않으며, 고대 교회의 이해와도 일치하지 않기 때문입니다.

132. '성찬 제정에 관한 말씀'은 어디에 기록되어 있습니까?
마 26:26-28, 막 14:22-24, 눅 22:19-20, 고전 11:23-25에 기록되어 있습니다.

133. 여기서 가르치시는 주님의 교훈은 무엇입니까?
다음과 같이 네 가지의 교훈이 있습니다.
1). 성례적 의식 : "받아 먹으라." "받아 마시라."
2). 성례적 임재 : "이것은 내 몸이라."
 "이것은 내 피로 세운 새 언약의 잔이라."
3). 성례적 은혜 : "너희를 위하여 준"
 "너희와 또 많은 사람을 위하여 흘린 피"
4). 성례적 제도 : "이것을 (행하여) 나를 기념하라."
 "이것을 (행하여) 마실 때마다 나를 기념하라."

134. '성례적 의식'에 관해서는 어떻게 설명할 수 있습니까?
"받아 먹으라"와 "받아 마시라"는 주님의 말씀은 분명히 주님의 지시대로 행하지 않을 때 성례가 완전하지 않음을 가르쳐 줍니다. 이것은 "몸으로 먹고 마시는 것은 성례의 주요 부분에 속한다"고 루터가 그의 소교리 문답에서 말한 것과 같습니다.

135. '성례적 임재'에 관해서는 어떻게 설명할 수 있습니까?
"이것은 나의 몸이라", "이것은 나의 피라."고 말씀하실 때 주님께서는 분명히 그의 백성이 성례의 떡과 포도주를 마시면, 그들에게 자신의 참 몸과 피를 주신다고 선언하셨습니다.

136. '성례적 은혜'에 관해서는 어떻게 설명할 수 있습니까?

"너희를 위하여 준"이라는 말씀과, "너희 죄를 사하기 위하여 흘린"이란 말은 다음과 같은 것을 가르쳐 줍니다. 곧 그리스도께서 우리를 대신하여 죽음을 당하심으로, 우리는 그리스도를 대신 하게 되었습니다. 그 결과 우리는 그리스도로 인하여 의로 여김을 받습니다. 이것은 죄를 없이하는 하나님의 방법입니다. 성례의 은사는 그리스도의 말씀을 믿는 모든 수찬자들에게 주어집니다.

137. '성례적 제도'에 관하여는 어떻게 설명할 수 있습니까?

"이것을 행하여 나를 기념하라."고 말씀하셨을 때 예수께서는 우리에게 성례전을 지킴으로, 즉 떡과 포도주를 들고 축복을 간구하고 나누어 먹고, 또 주께서 오실 때까지 그의 죽으심을 기념함으로 그의 본을 따를 것을 명령하셨습니다.

138. 성례적인 친교(Sacramental Fellowship)에 관하여 사도 바울은 어떻게 말합니까?

우리는 이 성례 안에서 주님과 교제를 가짐으로 형제끼리 서로 친밀히 교제할 수 있다고 그는 가르칩니다. "떡이 하나요 많은 우리가 한 몸이니 이는 우리가 다 한 떡에 참예함이라."(고전 10:17)고 그는 말합니다.

이것과 동일한 사상이 2세기 중엽에 나온 『열 두 사도의 교훈』이라는 고대 기독교 문서에 나타나 있습니다. 거기에는 다음과 같은 말이 있습니다. "마치 그 떡 조각이 언덕 위에 흩어졌다가 다시 모여 하나가 된 것처럼 당신의 교회도 세상 끝에서부터 당신의 왕국으로 다 모이게 하옵소서. 예수 그리스도를 통하여 영광과 권세가 영원히 당신의 것이기 때문입니다."

139. 성찬에 관한 그리스도의 말씀은 처음 성찬식만을 위한 것이었습니

까?

그리스도께서 성만찬을 제정하실 때 하신 말씀은 그 때만을 위한 것이 아니고, '그가 오실 때까지' 어느 때에나 계속되고 권위를 가지며 효력을 나타냅니다.

140. 성찬에 관한 그리스도의 말씀을 '성별'(Consecration-축성)이라고 하는 이유는 무엇입니까?

'성별'은 신성한 용도에 사용하기 위하여 구별해 놓은 것을 뜻합니다. 제단 위의 떡과 포도주를 경건히 사용할 목적으로 구별해 놓은 것은 그리스도의 말씀에 의한 것입니다. 그리고 떡을 먹고 포도주를 마시는 것이 거룩한 명령, 곧 성례전이 되는 것도 그리스도의 말씀에 의한 것입니다.

141. 목사가 성별(축성)을 할 때 떡과 포도주를 들어야 한다고 규정되어 있는 이유는 무엇입니까?

이것은 주님께서 떡과 잔을 가지시고 축사하신 것을 본따서 행하는 것입니다. 이 떡과 이 포도주가 지금 거행하는 성만찬에 의하여 거룩하게 구별되고 있음을 보여주기 위한 것도 됩니다.

142. 성찬 분배 전에 해야 할 일은 무엇입니까?

평화의 인사(Pax-평화를 의미하는 라틴어)를 나누게 됩니다. 이것은 부활하신 주님께서, 그의 영광스러운 몸에 참예하기 위하여 제단으로 나오는 백성들에게 주시는 인사입니다. 루터는 이것을 '사죄의 복음'(The Gospel Absolution)이라고 했습니다.(요 14:27, 20:19, 21).

143. '하나님의 어린양'(Agnus Dei)이란 무엇입니까?

전통적으로 그리스도교회가 부르던 찬송입니다. 요한복음 1:29에 있는 대영광송(Gloria in Excelsis)의 한 부분이 수정된 것입니다. 약 700년 전부터 성찬식에서 사용되어 왔습니다. 이 찬송의 명칭은 라틴어 Agnus Dei 라는 말로 시작되는 첫 마디를 따서 만든 것입니다.

144. 이 찬송은 어느 때에 불러야 합니까?
성찬분배 직전이나 또는 성찬 분배가 시작되었을 때 부르는 것이 좋습니다.

145. 이 찬송과 성례전은 어떠한 관계가 있습니까?
그리스도께서 유월절 어린 양 만찬 후에 하신 '성찬 제정의 말씀' 가운데서, 자신의 죽음을 통하여 세상 죄를 없이하는 참 유월절 양이 되시겠다고 선언하십니다. 이 말씀에 의지하여 우리는 이 찬송에서 "세상 죄를 지고 가는 하나님의 어린양"이신 주님을 세 번 반복합니다.(요 1:29, 출 12:21-23, 고전 5:7, 벧전 1:19, 20).

146. 이 찬송을 통하여 우리가 간구하는 것은 무엇입니까?
이 찬송을 통하여 이제 막 자신의 몸과 피를 우리에게 나눠주시려고 하시는 하나님의 어린양에게 긍휼과 평화 주실것을 간구합니다.(엡 2:13-17)

147. 예배에서 이 부분이 차지하는 비중은 얼마나 큽니까?
여기서 그리스도와 신자 사이에 가장 친밀한 교제가 이루어지기 때문에, 이 부분은 전체 예배에서 가장 중요하다고 볼 수 있습니다. 성만찬에서 예배는 절정에 도달하게 됩니다. 신자는 이때 하늘 나라와 가장 가까운 곳에 있게 됩니다.

148. 성찬을 분배할 때 어떤 일이 일어납니까?

수찬자들은 떡과 잔을 통하여 그리스도의 몸과 피를 받게 됩니다.

149. 성찬을 분배할 때 "받아 먹으라. 이것은 주님의 몸입니다. 받아 마시라. 이것은 주님의 피입니다." 하는 말에는 무슨 뜻이 있습니까?

신자들에게 다음과 같은 사실을 깨닫게 합니다. 곧 그가 지금 그리스도의 몸과 피를 받고 있다는 것과, 이 몸과 피가 그의 구속을 위한 것이라는 것과, 사죄에 대한 복음서의 약속이 성취되었다는 것을 깨닫게 합니다.

150. 수찬자들과 헤어질 때 목사는 어떻게 합니까?

성찬을 나누기 시작할 때와 마찬가지로 축도로 끝맺습니다. 이 축도는 성찬을 끝내는 것이기도 합니다.

151. 이 축도의 뜻은 무엇입니까?

신자들에게 자신의 몸과 피를 나누어주신 주님께서, 이 성례를 통하여 믿음을 강건케 하시고 보존해 주시리라는 것을 확증해 줍니다. 이 축복이 없이는 성찬이 축복이 아니라 오히려 저주가 됩니다.

152. 성찬 분배 중 제단 위의 떡과 포도주가 모자랄 경우에는 어떻게 합니까?

성별된 떡과 포도주가 다 떨어지게 된 경우에, 목사는 예비로 준비된 떡과 잔을 가지고 '성찬 제정의 말씀'을 큰 소리로 되풀이하여 성별해야 합니다.

153. '성찬 후반부'의 일반적인 목적은 무엇입니까?

여기서는 성만찬에서 하늘의 양식을 받은 기쁨을 표현하려는 것입니다 그러므로 성찬을 받은 사람이 감사 기도를 드리기 전에 예배 장소를 떠나가는 것은 합당치 못합니다.

154. '시므온의 노래'(Nunc Dimittis)란 무엇입니까?

이것은 예수 그리스도에게서 나타난 우리에게 베푸신 구원을, 기쁨으로 감사하는 찬송입니다. 이 찬송을 처음 부른 사람은 늙은 시므온이었습니다. 시므온은 성전에서 어린 구세주를 만나보고 이 찬송을 불렀습니다.(눅 2:29-32) '눈크 디미티스'라는 말은 이 찬송의 라틴어 첫 마디에서 따온 이름입니다.

155. 여기서 '시므온의 노래'가 지니고 있는 뜻은 무엇입니까?

'시므온의 노래'는 성찬예배를 끝맺는 찬송이며 주님께서 행하신 의식에 따른 것입니다.(마 26:30) 성도가 성소에 들어올 때 기대한 은혜를 충만히 받고 이제는 하나님과 화평함을 느끼고, 떠나려는 뜻을 나타내는 것입니다.

156. 감사 기도는 무엇으로 시작됩니까?

시편교독(Vesicle)으로 시작됩니다. 교독에 사용되는 시편은 105, 106, 107, 118, 및 136편 머리 말에서 따온 것입니다.

157. 이 시편 교독이 지니고 있는 뜻은 무엇입니까?

회중들이 다음에 계속될 감사 기도로 모두 합심하도록 권고하는 것입니다.

158. 감사 기도의 목적은 무엇입니까?

식사 후에 감사를 표하는 것과 마찬가지로, 여기서도 하나님이 베푸신 하늘 잔치에 참여함으로 받은 새 힘에 대하여 감사를 드립니다.(요 6:30-

34, 47-58)

그리고 우리는 이 양식이 하나님을 향한 참 신앙과 이웃을 향한 뜨거운 사랑을 가지게 되기를 기도합니다.

159. 축도(Benediction)란 무슨 뜻입니까?

이것은 하나님께서 명하신 것으로 교인들을 향한 마지막 축복의 선언입니다.(민 6:22-26) 역사적으로 그리스도 교회는 이 부분이 예배에 있어서 가장 엄숙한 부분 중의 하나라고 생각했습니다.

160. 축도의 본래적인 의미는 무엇입니까?

이것은 하나님께 바치는 한 경건한 간구가 아니라, 하나님께서 예배자들에게 실제로 베풀어주시는 축복의 선언입니다. 민수기 6:27에서 이와 같은 확증을 볼 수 있습니다. "그들(제사장들)은 이와 같이 내 이름으로 이스라엘 자손에게 축복할찌니 내가 그들에게 복을 주리라."

161. 이 엄숙한 축복의 뜻을 더 자세히 설명하십시오.

"주께서 네게 복을 주시고…"로 시작되는 첫 절은 하나님의 축복과 보호하심을 말해줍니다. "주께서 그 얼굴로 네게 비추사…"로 시작되는 둘째 절은 하나님의 복되신 긍휼과 은총을 선포 하는 것입니다. 우리의 죄는 하나님을 불쾌하게 해 드렸고 하나님의 분노를 일으켰습니다. 그러나 그리스도 예수 안에서 주어진 용서로 인하여 새로운 교제가 회복되고 하나님께서 우리를 기쁘게 여기십니다(사 59:2).

"주께서 그 얼굴을 네게로 향하여 드사…"로 시작되는 셋째 절은 "사랑을 베풀고 서로 사랑으로 응대하기를 신랑이 그 신부에게, 아비가 그 자식에게 하듯 하리라"의 옛 형태입니다.

말씀과 성례전을 통하여 하나님의 은혜를 받은 우리는 이제 측량할 수 없는 화평을 얻었다는 확신을 갖습니다.
 우리는 마지막으로 '아멘'이라고 노래나 말로 응답함으로써 이 사실을 확신 속에 받아들입니다.

162. 루터교회는 사도의 축도를 사용하지 않습니까?
 루터교회에서는 아론의 축도(민 6:22-26) 뿐 아니라, 사도의 축도(고후 13:13)도 사용합니다. 그러나 아론의 축도가 훨씬 더 성경적으로 볼 때, 하나님의 명령이기 때문에 자주 사용할 뿐입니다.
 (주: 우리 한국 교회에서 축도권 때문에 논란이 생기는 이유는 예배 신학의 결핍에서 오는 것이라고 생각합니다. 축도는 분명히 성례전적인 요소입니다. 제사적인 내용이 아니라는 점입니다. 그러므로 축도를 하는 사람은 기도의 정신으로 바쳐서는 안되고, 하나님의 명령을 받은 사자로써 회중에게 선포해야 합니다.)

163. '주찬미'(Benedicamus)와 그 응답은 무슨 뜻이 있습니까?
 이제까지의 예배를 통하여 나타난 하나님의 충만하신 은혜에 대한 감사와 찬양으로 예배를 마치게 됩니다.(주: 중세 교회에서는 "주를 찬미하세"가 때로는 "이제 예배가 끝났습니다"(Go, you are dismissed)를 대신하는 문구로 사용되었습니다. 안수받지 않은 목사가 아침 기도회를 인도할 때도 이 말이 사용되었습니다. 이때 축도도 역시 생략되었고 주기도로 대신하였습니다. "주를 찬미하세"라는 말이 시편의 각 책 끝마다 송영으로 사용되고 있는 것을 알 수 있습니다.(시 41:13, 72:18, 19, 89:52, 106:48, 150:6)
 그러나 현재 우리 루터교회에서는 '주찬미' 대신에 '파송의 인사'를 사용하고 있습니다. 선교를 중요한 교회의 사명으로 생각하는 현대교회의 신학을 반영하는 한 단면이라고 할 수 있습니다. "이제는 평안히 가십시오. 그리고 주님을 섬기십시오." "하나님께 감사드리세"가 그것입니다.)

제 5 장
예배와 상징

예배와 상징

　루터교회 예배에서는 다양한 상징적인 도구들을 사용하고 있다. 물론 다른 개신교에서도 상징성을 띈 것들이 예배에서 사용되고 있다. 루터교회 예배에서는 이보다 훨씬 더 풍부할 뿐, 대부분의 종교 생활에서 상징은 빼놓을 수 없는 내용이다.
　상징이란 신앙생활에서만이 아니라, 우리들의 일상생활에서 너무 깊고 밀접하게 연결되어 있어서, 그 중요성을 살핀다는 것이 새삼스러울 수 있다. 물론 보통 사람들에게서 상징의 의미를 기대하기란 어려운 일이다. 대부분의 상징이란 사람들의 생각과 생활 속에 녹아들어 있기 때문에, 그것을 주의깊게 관찰하거나 생각해 보지 않고는 그 의미를 설명하기가 쉽지 않다는 말이다. 그러나 우리들 삶의 언저리를 주의깊게 성찰하는 사람들에게서는, 가령 시인이나 철학자들에게서, 상징이 가진 숨겨진 의미들을 언어라는 수단을 통해서 인간의 삶속에 뛰어 들어오게 할 뿐 아니라, 인간의 정신세계를 풍부하게 만들어 주는 훌륭한 역할을 하고 있음을 알게 한다.

1. 상징의 의미와 종류들

1. 상징의 의미

일반적으로 상징이란 간접적인 의사표현의 도구로, "추상적인 것을 구체화하거나 나타내는 것"이라고 정의하고 있다. 가령 '나무'를 예로 들어 생각해 보자. '나무'라는 말을 듣게 될 때 무엇을 떠올리게 되는가? 사람에 따라서 다를 것이다. 어떤 이는 과일을, 다른 이는 목재를, 또 다른 이는 시원한 그늘을 드리우고 마을 한 복판에 서 있던 느티나무를 생각할 수 있다. 이처럼 평범하기만 한 단어가 깊이 잠들어 있던 추억을 깨워 흔들기도 하고, 새로운 용기를 주기도 하며, 마음을 따뜻하게 적셔주기도 한다. 그런데 이런 상징성이 신앙생활에서 사용될 때는 엄청난 역할을 하게 된다. 특히 신앙생활이란 무한하고 영원하신 절대자와의 관계 맺기이기 때문에, 상징은 가장 적절한 대화의 재료가 될 수 있다. 왜냐하면 절대자이신 하나님과의 사이에는 언어로 표현할 수 없는 것들이 많기 때문이며, 바로 이런 때 상징은 언어를 대신하는 역할을 할 수 있다. 그런데 이런 상징들이 예배에서 사용될 때, 그 의미를 잘 알고 있어야 한다는 점이다. 만일 의미를 이해하지 못하는 상징은 심각한 오해를 불러일으킬 뿐 아니라, 신앙적으로 빗나갈 위험도 따른다는 점을 분명히 해야 하겠다.

2 상징의 종류

1). 시간의 상징이 있다. 생활의 리듬을 암시해 주는 한 주간, 언제나 주님의 부활을 기념하는 주일, 작은 창조로써 아침, 격리하는 시간이며 활동과 구별되는 시간인 저녁, 수면과 침묵 그리고 죽음으로써 밤이 그런 것들이다.

2). 장소의 상징도 있다. 하나님의 백성들의 모임인 교회, 세상은 하나님의 집, 천국으로 나아가는 순례로써 행진, 주님의 살과 피를 감격으로 나누는 제단, 하나님의 말씀이 선포되는 설교대와 같은 것들이 있다.

3). 상징적인 사람들도 있다. 하나님의 사자(使者)인 목사, 천국 음악으

로 섬기는 성가대, 하나님 나라의 일꾼으로써 직분자들, 하나님의 거룩한 백성인 성도들이 여기에 해당된다.

4). 성스러운 단어들도 상징을 가진다. 하나님과의 대화인 기도, 마음으로 고백하는 신앙고백, 한 마음으로 하나님께 부르는 찬송, 말없는 기도인 묵상, 말씀을 선포하는 설교, 하나님의 은총에 응답하는 봉헌, 하나님의 은총을 비는 인사 등과 같은 낱말들이다.

5). 거룩한 행동의 상징이 있다. 세례를 기억하며 옛 사람은 죽고 새 사람이 되었음을 회상시키는 십자 성호 긋기, 하나님의 은총이 임하는 축복의 손, 화해와 용서로써 악수와 포옹, 권위와 축복으로써 안수 등이다.

6). 교회가 예배를 위해 준비한 상징들도 있다. 두 개의 촛대와 촛불은 주님의 두 성품인 신성과 인성을 뜻하고, 촛불은 세상의 빛이시며 생명의 빛이신 주님의 임재를, 생명의 근원인 물, 승리를 말하는 깃발, 주님의 사랑의 결정체인 십자가를 들 수 있다.

7). 경건한 자세들의 상징이 있다. 하나님을 높여 드리는 자세로서 일어섬, 하나님의 말씀을 경청하기 위해 앉음, 하나님 존전에서 자비를 구하는 무릎꿇음, 목적지를 향한 걸음, 사람 사이의 교량으로서 인사 등이다.

이와 같은 상징들은 그 의미를 분명히 이해할 때 유익한 것이 될 수 있다. 반대로 상징의 의미를 이해하지 못할 때는 자칫 우상을 섬기는 것이 아닌가 하는 오해를 할 수 있다는 말이다. 특히 우리 한국 사회는 우상의 소굴과 같은 곳이기 때문에, 이런 곳에서 살고 있는 기독교인들이 이런 문제에 대해서 민감해야 할 것이다. 이미 민간 신앙을 비롯해서 이방 종교들이 숱한 상징들을 가지고 있을 뿐 아니라 적극적으로 사용하고 있기 때문에 더욱 조심스럽게 분별해서 사용해야 할 것이다.

2. 기독교 신앙과 관련된 중요한 상징들과 그 의미들

1). 가시 관 : 가시 관은 예수님의 고난을 상징한다. 예수님을 십자가에 못박았던 군병들이 예수님을 조롱하면서 씌운 관인데, 그들은 유대인의 왕으로써 예수님을 높여드린다고 하면서 이 가시 관을 씌웠다(마 27:27-29).

2). 감람나무 가지 : 넓은 의미로 감람나무 가지는 평화를 의미한다. 노아 홍수 이후에 비둘기가 감람나무 가지를 물고 돌아왔을 때, 물이 빠지고 하나님의 심판이 끝났다고 생각하였다. 감람 열매는 품질 좋은 기름으로, 성령의 상징으로, 성령의 기름부음으로 사용된다(창 8:10-11, 레 8:10-12).

3). 검 : 이 검은 하나님의 심판을 상징한다. 아담과 하와가 쫓겨난 이후 천국의 문을 지키는 천사들이 가진 무기로 이해된다.

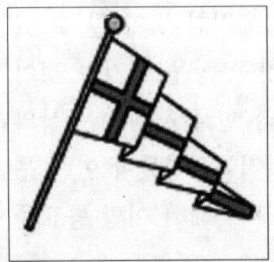

4). 깃발(Banner) : 깃발은 승리를 상징한다. 죄와 죽음을 정복하신 그리스도의 승리와 부활의 상징으로 하나님의 어린양(Agnus Dei)에 의해 승리로 태어난 그림이다(사 11:12).

5). 나비 : 나비는 부활을 상징한다. 추한 애벌레의 죽은 것 같은 번데기에서 살아 나오는 아름다운 나비는 새로운 삶을 살게된 초대 기독교인들에게 그리스도 안에 있는 인생들의 모습을 상기시킨다.

6). 나팔 : 나팔은 최후의 심판과 부활 그리고 예배에의 초청을 상징한다. 나팔은 여호수아와 여리고 싸움 이야기(수 6)와 미디안과 싸웠던 기드온의 이야기(삿 7)를 상기시킨다(욜 2:15, 마 24:30-31).

7). 대림절 화환 : 대림절 화환은 이교도들이 동지를 맞으면서 초에 불을 켜는 관습에서 가져온 것인데, 그날부터 낮 시간이 조금씩 길어나가는 것을 축하하는 의식이었다. 중세기 기독교인들은 예수님의 탄생이 가까이 다가오는 것을 조심스럽게 기다리며 기쁨을 키우는 상징으로써 대림절 화환을 사용하였다.

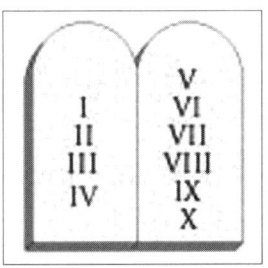

8). 돌판 : 돌판은 시내산에서 하나님께서 모세에게 주신 십계명을 의미한다. 이 돌판은 모세 오경(성경의 첫 다섯권의 책)에 있는 하나님의 전체 율법을 대표하는 것으로 사용된다. 이 돌판은 둘로 구성되어 있는데 왼편에는 하나님을 사랑하라는 세 계명이 새겨 있고, 오른 편에는 이웃을 사랑하라는 일곱 계명이 새겨져 있다(출 31:18).

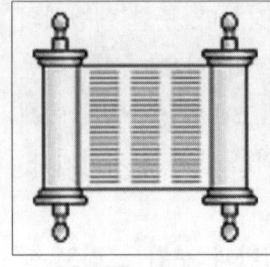

9). 두루마리 : 두루마리는 여러 가지 의미를 전해 주는데, 선택된 사람들의 이름들을 기록한 생명책으로, 최후의 심판날의 종말론적인 상징으로 영원한 생명을 보장하는 기록문서이다. 종종 구약 성서를 의미하는데 사용되었고, 대 사도 야고보와 같은 성인의 깃발에 사용되었다(계 5:6-9).

10). 등불 : 이 등불은 자주 하나님의 말씀을 나타낼 때 사용된다. 특히 마태복음 25장에 나오는 10처녀 비유에서 지혜를 상징할 때 사용된다(시 119:105, 잠 13:9).

11). 루터 문장 : 이 문장은 마틴 루터가 디자인 한 것인데, 중심에 검은 십자가는 두려움에 떨고 있는 신자들에게 예수님이 십자가위에서 모든 사람들을 위하여 희생하신 것을 상징하고, 붉은 심장은 믿음으로 얻게 되는 평화와 기쁨 그리고 사랑을 나타내고, 흰장미는 천사와 축복 받은 영혼들을 의미하며, 푸른 바탕색은 천국의 기쁨에 대한 희망을 나타내고, 금종은 천국에서의 영원한 기쁨을 상징한다.

12). 목자의 지팡이 : 목자의 지팡이는 선한 목자이신 예수님을 생각나게 한다. 다윗 왕을 상징하기도 하고, 마구간을 찾아와 경배하였던 베들레헴의 목자들을 의미하기도 한다(요 10:11-15).

제5장 예배와 상징 147

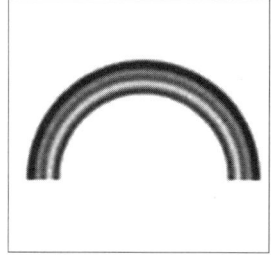
13). 무지개 : 이 무지개는 믿는자들에게 베푸시는 하나님의 성실성, 용서, 그리고 화해를 상징한다. 이 상징은 노아의 홍수 이야기에서 기원하는데, 하나님께서는 무지개를 통해서 홍수로 세상을 멸망시키지 않겠다고 약속하셨다(창 9:12-16).

14). 문 : 요한복음서가 증거 하는 그리스도의 상징이다. 또는 그리스도를 모든 사람에게 알리기 위해서 기도하도록 초대하거나 개인적인 관계에 초대할 때에 상징적으로 사용한다(요 10:7-9, 마 7:7-9, 계 3:20).

15). 백합화 : 백합화는 순결을 상징하며, 동정녀 마리아를 상징하고 있다. 특히 부활절 백합화는 예수 그리스도의 부활을 상징한다. 가시덤불 속에서 피는 백합화는 순결한 개념을 나타내려 할 때 사용된다(아 2:1).

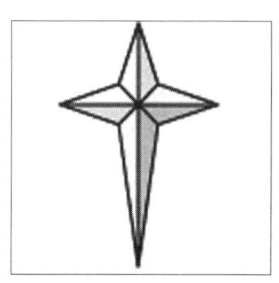
16). 별 : 다음과 같이 다양한 별들이 있다.
① 네 끝을 가진 별 / 이 별은 종종 십자가의 모양을 하고 있는데, '베들레헴의 별'이나 '탄생 별'(natal star)라고 부른다. 이 십자가의 형상은 예수의 탄생과 함께 그가 태어나신 목적을 상기시킨다.

②. 다섯 끝을 가진 별 / 베들레헴의 별이며, 예수님의 화육(化肉)을 의미한다. 기독교인의 다섯 끝을 가진 별은 이교도가 쓰는 별과 구별되는데, 이교도의 별은 다섯 줄이 서로 교차되도록 되어 있다(민 24:17, 마 2:1-2).

③. 여섯 끝을 가진 별 / 창조의 별이다. 여섯 개의 끝은 창조에 걸린 엿새를 의미하는데, 각 끝은 하나님의 여섯 가지 속성, 곧 능력, 지혜, 위엄, 사랑, 자비, 정의를 말한다. 이 별은 오늘날에는 다윗의 별로도 알고 있는데, 이스라엘의 상징이기도 하다.

④. 일곱 끝을 가진 별 / 성령의 일곱 가지를 은사, 지혜, 총명, 모략, 재능, 지식, 여호와를 경외함과 여호와 안에 있는 즐거움을 상징한다(사 11:2-3).

⑤. 여덟 끝을 가진 별 / 전통적으로 여덟이라는 숫자는 갱신의 수이다. 이런 이유로 대부분의 세례대는 8각형으로 되어 있다. 예수님은 팔 일이 되었을 때 할례를 받았고, 이름을 얻으셨다. 세례는 할례의 계약에 대한 신약적인 대안으로 이해되었다.

⑥. 아홉 끝을 가진 별 / 갈라디아에 보낸 바울을 편지속에 있는 성령의 아홉 가지 열매, 사랑, 희락, 화평, 오래 참음, 자비, 양선, 충성, 온유, 절제를 상징하는 별이다(갈 5:22-23).

⑦. 열두 끝을 가진 별 / 열 두 끝을 가진 별은 이스라엘 열 두 지파와 열 두 사도를 상징하는데, 성탄절로부터 열 두 번째 날인 주현절에 사용하곤 한다.

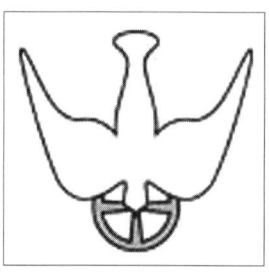

17). 비둘기 : 비둘기는 성령을 상징한다. 예수님께서 세례 받으신 말씀에서 기원하는데, 그 때 성령께서 비둘기 모양을 하고 예수님 위에 임하셨다. 비둘기 머리 둘레에 있는 세 줄기로된 후광은 삼위중 한 분인 성령이심을 확인해 준다는 의미이다(마 3:16). 후광이 없는 비둘기는 평화의 상징이다.

18). 사다리 : 예수님의 십자가 처형 때 사용되었던 도구를 상징하므로, 예수님의 고난을 상징하는데 사용된다. 그리고 야곱의 꿈에 등장하는 이야기를 상징한다(마 27:48-49, 창 28:11-15).

19). 삼각형 : 삼위 일체이신 하나님을 상징한다. 삼위 일체에 관한 교리는 예수님의 세례 이야기에서 처음으로 나타난다. 거기에서 아버지와 아들 성령이 각각 독특하게 나타난다. 예수님 자신은 대 위임령에서 이 교리를 언급하였다(눅 3:21-22, 마 28:18-20).

20). 세 개의 못 : 이 못들은 예수님이 십자가 위에서 못 박힐 때 사용되었던 도구들인데, 예수님의 고난을 상징한다.

21). 손 : 이 하나님의 손(Manus Dei)은 성부 하나님을 상징한다. 이 상징은 처음 8세기동안 기독교회가 사용했던 유일한 하나님에 대한 상징이었다. 이 손은 창조와 섭리 그리고 하나님의 주인되심을 상징하는데 성경에서 아주 많이 언급되고 있다(스 8:21-23, 신 3:23-24).

22). 열쇠 : 이 열쇠는 예수의 이름으로 죄를 용서하는 교회의 권위를 나타내는 상징이다. 두 개의 열쇠는 둘의 권위를 의미하는데, 회개하는 죄인들에게는 하늘의 문을 열어주고, 회개하지 않는 죄인들에게는 하늘의 문을 잠근다는 것을 상징한다(마 16:18-19, 요 20:21-23).

23). 오병이어 : 벳세다 광야에서 예수님께서 5천 명을 먹이신 기적 이야기를 연상하게 한다. 또한 예수님께서 당신 자신을 생명의 떡이라고 말씀하신 것을 생각나게 한다(마 14:17-21, 요 6:35).

24). 의의 태양 : 태양은 종종 그리스도를 상징하는데 사용된다(말 4:2).

25). 인(인장) : 인(인장)은 하나님의 약속이나 표시를 의미한다. 사람들은 하나님께 대한 헌신의 표시로 인을 가진다. 구약성경에서 제사장들은 이스라엘 12지파를 나타내 주는 인들을 새긴 에봇을 입었다. 그런데 그 맨 위쪽의 인에는 "하나님은 거룩하시다."는 글이 새겨져 있었다. 성도들은 "인 박힌" 사람들이라고 언급되었다. 또한 이 인은 예수님의 시신을 도적질해 가지 못하도록 예수님의 무덤에 인을 해 두었다고 하는 것을 의미하기도 한다(고후 1:20-22).

26). 일곱 촛대 : 유대교 신앙의 가장 오래된 상징 중의 하나인데, 성전 안에 켜 두는 일곱 가지를 가진 촛대로 "Menorah"로 불린다. 매일 저녁 성전을 밝히며 아침이면 심지를 돋우고 다시 새 기름을 붓는다(출 25:31-40). 기독교회에서는 성령의 일곱 은사를 나타낸다고 생각하며 예배당에 켜둔다(갈 5:22-23, 참고; 사 11:2).

27). 장닭 : 우는 장닭은 종종 베드로의 부인을 상징할 때 사용된다. 예수님은 베드로의 약속이나 신앙이 얼마나 허약한 것인가를 장닭이 울기전에 세 번 부인하리라는 말씀으로 예언하셨다(마 26:33-34).

28). 장미 : 장미는 12세기 이래로 기독교회의 상징이었는데, 메시야적 약속, 그리스도의 탄생, 동정녀 마리아(백색 장미), 순교(적색장미)를 나타내었다. 그리고 고딕 양식에서 종종 찾을 수 있다(아가 2:1).

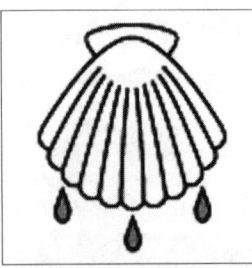
29). 조개껍질 : 일반적으로 세례에서 사용되는 조개 껍질은 세 번의 물을 퍼서 머리 위에 뿌릴 때 사용된다. 세 번 물을 떠서 머리 위에 뿌리는 것은 삼위 일체이신 하나님을 회상하게 한다. 조개껍질 그 자체로는 순례자의 상징으로 사용된다(마 28:19-20).

30). 종 : 종은 예배에의 부름과 세상을 향한 복음의 선포를 상징한다.

제5장 예배와 상징   153

31). 종려나무 : 종려나무 가지는 예수님께서 예루살렘에 입성하실 때를 상징한다. 이 사건은 예수님의 십가가 처형이 임박하였음을 알린다(요 12:12-13).

32). 책(성경) : 성경책은 일반적으로 하나님의 말씀을 나타낸다. 특히 펼쳐진 책은 진리와 계시를 나타낸다. 닫혀진 책은 선택된 사람들의 이름들이 들어 있다고 생각된다. 그래서 마지막 심판을 상징한다.

33). 촛불 : "나는 세상의 빛이라"(요 8:12)고 하신 예수님의 말씀을 생각나게 한다. 두 개의 촛대가 제단 양쪽에 세워지는 것은, 예수님의 신성과 인성을 의미해서이다. 신자들 역사 세상의 빛으로 부름을 받았다(마 5:14, 요 1:4-5).

34). 포도 : 이 포도는 성만찬과 예수님께서 우리를 용서하기 위하여 십자가에서 흘리신 피를 상징한다. 또한 기독교인의 삶의 성실성을 상징하기도 한다(마 26:27-28).

35). 하나님의 어린양 : 하나님의 어린양(Agnus Dei)은 죽음을 이기시고 부활하신 그리스도를 상징하며, 십자가에 달리셔서 피흘리시는 예수님을 의미하기도 한다. 이 상징은 우리 주님의 고난과 죽음을 상징한다. 세례 요한은 예수님을 하나님의 어린양이라고 선포하였다. 요한 계시록에서 예수님은 양으로 묘사되었고, 구약에서까지도 이삭을 대신하여 양을 제물로 바침으로 그리스도의 역할을 암시하였다(요 1:29, 계 5:11-12, 창 22:9-13).

36). $A \Omega$: 알파와 오메가는 헬라어의 처음과 마지막 글자로, 그리스도의 영원한 속성을 말하고 있다(계 1:8).

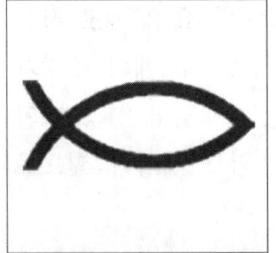
37). $IX\theta\Upsilon\Sigma$: 물고기라는 헬라어는 놀랍게도 기독교인들의 신앙고백인 "주는 그리스도시요 하나님의 아들이십니다."의 첫 글자를 모은 것과 같다. 기독교회가 박해를 받던 초기에 이 물고기 그림은 기독교인들의 신앙고백으로, 혹은 기독교인 상호간의 자신을 알리는 방법으로 사용되었다.

38). $IH\Sigma$: 이 거룩한 글자는 헬라어로 예수라는 말의 첫 세 글자를 짜 맞춘 것이다. 십자가를 만들기 위해 수평을 그은 선은 하나의 생략의 상징이다.

39). INRI : 이 라틴 글자들은 예수님의 십자가 위에 붙여졌던 명패로, 빌라도가 명하여 새긴 글자이다. 라틴어로, 유대인의 왕 나사렛 예수라는 말의 첫 글자들이다(요 19:19-20).

40). 키로 : 이 글자는 가장 오래된 짜맞춘 글자로 그리스도를 나타내는 상징이다. 이 글자는 초기 기독교인들이 가진 신앙을 은밀하게 고백하고 표현하는 수단으로 사용되었다. 이 글자는 헬라어로 그리스도라는 글자에서 앞에 두 철자를 합성한 것이다(요 10:11).

41). PAX : 팍스라는 글자는 라틴어로 평화라는 뜻을 가진 낱말이다. 종종 이 말은 성탄절 이야기와 연결되어 사용된다.

42). 십자가.

① 알파와 오메가 십자가 : 알파와 오메가를 가진 라틴 십자가는 우리로 하여금 비록 그리스도가 우리 죄를 위하여 십자가에 달려 죽으셨지만, 지금은 영광 중에서 영원토록 다스리고 계시다는 것을 상기시킨다.

② 닻 십자가 : 이 닻 십자가는 그리스도 안에서 기독교인의 희망이 있음을 상징한다. 이 십자가는 로마의 감독이었던 성 클레멘트 교부의 문장으로, 전설에 의하면 그는 로마 황제 트라얀에 의해서 배의 닻에 묶여서 바다에 던져지는 순교를 당했다고 한다(히 6:17-20).

③ 위에 고리가 달린 십자가 : 앵크 십자가는 고대 이집트의 상형문자인데, 생명과 갱생을 나타내는 말이다. 이 문자가 영원한 생명의 상징으로 기독교인에 의해 채용되었다.

④ 세례 십자가 : 이 세례 십자가는 헬라어로 그리스도를 나타내는 "키"(X)에, 헬라 십자가를 겹쳐 놓은 것이다. 여덟 개의 팔을 가진 이 십자가는 거듭남 혹은 갱생을 상징한다. 그래서 세례 받을 때에 이 십자가를 사용하곤 한다.

⑤ 꽃봉오리 십자가 : 널리 사용되고 있는 이 십자가는 삼위 일체이신 하나님을 생각나게 한다. 이 십자가의 끝이 세 꽃잎으로 된 모양을 하고 있기 때문이다.

⑥ 비잔틴 십자가 : 희랍 정교회에서 일반적으로 사용하는 십자가이다.

⑦ 갈보리, 혹은 계단 십자가 : 세 계단 위에 있는 이 라틴 십자가는 갈보리 언덕을 나타내 주며, 종종 믿음 소망 사랑을 상징한다.

⑧ 켈틱 십자가 : 가장 오래된 십자가 모양의 하나로, 이 십자가는 대영 제국과 아일랜드의 켈틱 기독교인들에 의해서 사용되었다.

⑨ 승리자의 십자가 : 이 헬라 십자가는 예수라는 낱말의 헬라어 첫째와 마지막 글자와, 그리스도라는 낱말의 헬라어 첫째와 마지막 글자, 그리고 승리자라는 헬라어 글자들로 구성되어 있다.

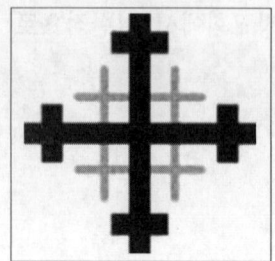
⑩ 작은 십자가를 가진 십자가 : 네 개의 작은 십자가들로 이루어진 헬라 십자가는, 복음이 세계 만방으로 퍼져 나가는 것을 나타낸다.

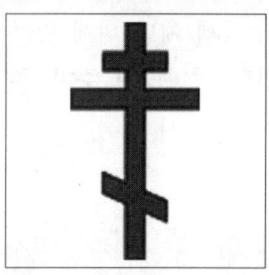
⑪ 동방 십자가 : 이런 형태의 십자가는 주로 러시아 정교회에서 사용되고 있다. 십자가 위에 걸쳐 놓은 막대기는 빌라도 총독 십자가에 달린 예수님의 머리 위에 붙여 놓았던 INRI로 요약되는 명패를 말하고, 아래쪽에 빗겨 걸친 막대기는 전설에서도 잃어버린 내용이다. 한 전설은 예수님의 다리 중 하나는 짧았다는 것이며, 다른 하나는 예수님이 돌아가실 때 지진이 일어나서 십자가가 기울어졌다는 것이다.

⑫ 요철 십자가 : 이런 문장(紋章)의 십자가는 요새와 성채의 요철을 상기시킨다. 그래서 군대로서의 교회를 상징하는데 사용된다.

⑬ 붓꽃 모양의 십자가 : 붓 꽃 모양의 이런 십자가는 삼위 일체와 부활을 상기시킨다.

⑭ 헬라 십자가 : 길이가 똑 같은 가장 오래된 십자가인데, 헬라 십자가로 불린다.

⑮ 이오닉 십자가 : 이 십자가는 6세기에 이오나 섬에 갔던 성 콜룸바에 의해 사용되었다.

⑯ 예루살렘 십자가 : 구약의 율법을 나타내는 네 개의 타우형 십자가로 구성된 중심의 십자가가 있다. 그리고 작은 네 개의 헬라 십자가는 그리스도의 복음에서 율법의 완성을 말해 주고 있다.

⑰ 라틴 십자가 : 가장 보편적인 십자가형으로, 온 세상의 죄를 위하여 예수 그리스도께서 최상의 희생당하신 것을 상기시킨다. 이 십자가는 부활을 상기시키고, 영원한 생명에 대한 소망을 상징하기 위해 비어 있는 십자가이다.

⑱ 말타 십자가 : 이 십자가가 여덟 끝을 가진 것은 갱생을 상징적으로 나타내 주고 있다. 종종 팔복을 의미하는 십자가로도 생각되는데, 이 십자가는 성 요한의 기사들의 문장이다. 말타는 사도 바울이 탄 배가 난파했던 섬이다.

⑲ 탄생 십자가 : 이 십자가는 별과 같은 모양을 하고 있으며 예수님의 탄생과 그가 태어날 것을 예언하였던 이야기를 상기시킨다.

⑳ 교황 십자가 : 이 십자가는 교황의 공식적인 문장으로 교황 자신 이외에는 사용할 수 없다. 가로의 세 기둥은 갈보리 언덕 위에 세워졌던 세 개의 십자가를 말하는 이들도 있고, 교황이 가진 세 권위, 곧 교회와 세계와 천국을 상징한다.

㉑ 고난 십자가 : 라틴 십자가에 끝이 못처럼 뾰족하게 생긴 십자가로, 그리스도의 고난과 십자가에 달리심을 상징한다.

㉒ 대주교 혹은 추기경의 십자가 : 흔히 대주교나 추기경의 공식적인 행사에서 사용하는 교회 십자가로, 가로로 두 줄이 있는 십자가인데, 윗줄은 빌라도가 십자가위에 기록해 놓은 명패를 의미한다.

㉓ 성 안드레 십자가 : 전설에 의하면 성 안드레는 주님과 같은 모양으로 십자가에 달리는 것을 황송하게 생각하였다. 그래서 그는 집행관에게 자신의 십자가는 더 고통스럽기를 간청하였다고 한다. 이 십자가는 겸손과 고통을 상징한다.

㉔ 타우 십자가 : 헬라 글자 타우(T)에서 생긴 이름인데, 모든 십자가들 가운데서 가장 단순하고 초라하다. 흔히 예언 혹은 구약의 십자가로 사용되는데, 역사적으로 유월절 때 양의 피를 문설주에 바를 때 하였던 표시였기 때문이다.

㉕ 승리의 십자가 : 이 십자가는 그리스도의 최후의 승리와 온 세상을 다스리심을 상징한다.

제 6 장
예배와 예복

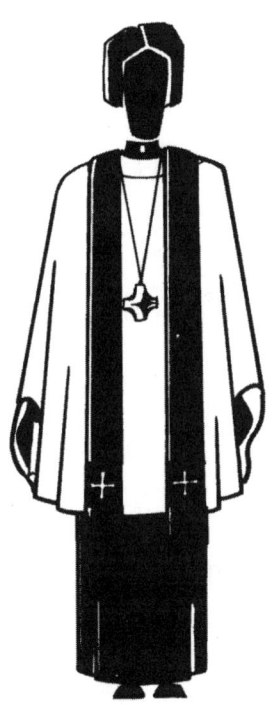

예배와 예복

예배가 신령과 진정으로 드리도록 하기 위해서는 예배에서의 복장이 진지하게 고려되어야 한다. 예배에 참석하는 회중들은 물론, 예배 봉사자들의 복장은 분명히 잘 준비되어 있어야 한다.

1. 기독교 예복의 기원과 목적

예배 봉사자들의 예복의 기원에 대해서 그 자료가 빈약한 것은 사실이다. 1세기의 예배는 큰방을 가진 개인의 집에서 드렸는데, 이 당시에는 평상 복장을 했을 것이 분명하다. 기독교에 대한 박해가 끝난 후에 와서야 예배에 참석하는 사람들과 성직자들이 특별한 복장을 입게 되었으리라고 생각된다. 약 430년 경 남부 프랑스의 두 주교가 예복에 관해서 써 놓은 글은 다음과 같다.

"우리 성직자들은 우리가 배운 것에 따라 우리의 복장에 있어서 특징이 있어야만 합니다. 우리들 생활 습관에 따른 일상의 옷이 아니라, 우리들 마음의 순결에 따르기 위해서 특별한 복장을 입어야 합니다."

9세기에 스페인과 프랑스에서 체슈불과 알브라는 모양의 예복이 나오게 되었다. 11세기 십자군 전쟁 기간에는 예복에 대한 논란이 활발했는데, 주교와 같은 고위 성직자는 가장 비싼 의상이 필요하다고 하는가 하면, 세례 요한과 같이 소박하고 단순한 의상이 적합하다는 주장도 있었다. 16세기 종교개혁 시에 과격한 개혁자들은 그들의 종교적 금욕주의 때문에 예복에 대해서 강한 문제를 제기하였다. 칼빈은 예복에 관한 성경적인 근거가 없다는 점과 로마 교회의 허식과 미신적인 경건에 너무 깊이 빠져있다고 주장하고 아카데미 까운으로 대신하고 말았다. 이에 반해서 루터는 성경이 명시하지 않는 예복의 문제들은 아디아포라(adiapora)에 속한다고 가르치면서, 전통적인 예복을 입었다. 우리는 여기에서 예복이 갖는 근본적인 목적에 대해서 생각해 보아야 한다. 예배를 위한 예복은 다음과 같은 근본적인 목적을 가져야 한다. 첫째는 예배의 기능을 수행하는데 적합하도록 고안되어야 한다는 점이다. 예복은 눈을 만족시키려는 의상이 아니라, 예배의 의식적인 기능, 곧 예배 인도자를 위해서가 아니라 하나님을 향해서 관심과 영광을 돌리기 위한 목적을 가지고 있어야 한다는 말이다. 둘째로 예복은 하나님의 아름다우심을 증거하는 목적을 가져야 한다. 예복이 주는 아름다움이란 모양이나 색채에 있는 것이 아니라, 그것이 암시하는 상징성에 있어야 한다는 점이다. 셋째로 예복은 역사적으로 기독교 예복의 연속성을 나타내야 한다. 예배 인도자들은 본질적인 면에서 초대교회 이래로 같은 모양의 예복을 입고 있어야 한다는 말이다.

2 기독교 예복들

가. 성직자 예복

알브(Alb) : 정결을 상징하는 색깔인 "백색"을 뜻하는 라틴어로, 길이가 무릎까지 내려오며, 좁은 소매로 만들어져 있고, 전통적으로는 장백의 위에 걸쳐 입는다. 이 예복은 허리 부분에 허리띠(Cincture)로 고정시키며, 영대(Stole)와 함께 입는다.

영대(Stole) : 안수 받은 목사가 알브나 써플리스 위에 걸쳐 입는 좁은 띠로, 그리스도께 향한 충성의 멍에를 상징한다(마 11:28-30). 이 영대는 안수 받은 사람이라는 것을 상징해 주기때문에 평신도는 절대로 매게 해서는 안된다. 대체로 목사의 어깨에서 무릎 바로 아래까지 내려오도록 만들어야 한다.

Alb and Cincture

채슈블(Chasuble) : 성찬식이나 중요한 의식을 집례할 때, 알브와 영대 위에 입는 소매가 없는 겉 예복이다. 알브와 영대 위에 판초 모양의 예복으로 이것은 타원형이며 중앙에는 머리를 끼워 넣도록 구멍이 뚫려있다. 채슈블의 넓은 품은 성만찬이 모든 세례 받은 사람들을 다 품어 안을 수 있다는 것을 상징한다. 인생을 향하신 하나님의 은총의 풍성함을 의미한다.

Alb and Chasuble

장백의(Cassock) : 예배 사회자나 예배 봉사자들, 성가대원이나 반주자들이 입는 검정색으로 된 기본 예복이다. 소매가 좁으며 목에서 허리 부분까지 몸에 맞게 만들어져 있다. 장백의는 위에서 아래까지 단추로 채울 수 있도록 만들어져 있다.

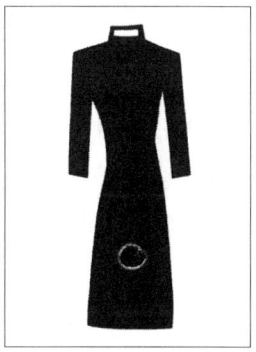
Cassock

써플리스(Surplice) : 장백의 위에 걸치도록 되어 있는데 소매가 넓은 예복이다. 대체로 길이는 무릎정도에 이르는데, 이 예복은 그리스도의 순결과 그의 사랑 안에서 새롭게 된 자유로운 우리 인간의 현실을 상징한다. 전통적으로 아침 기도회와 저녁 기도회 그리고 마감 기도회 때 입는다.

Cassock Surplice Stole

허리 띠(Cincture) : "허리띠"라는 라틴어인데, 술이 달린 줄로 장백의나 알브의 허리 부분을 둘러 묶는데 사용한다.

나. 예배 봉사자의 예복

평신도 예배 봉사자(Acolyte)의 예복은 원칙적으로 예배 사회자의 복장에 의해서 결정된다. 가령 사회자가 알브를 입으면 예배 봉사자들 역시 알브를 입어야 한다. 사회자가 장백의와 써플리스를 입으면 그들 역시 장백의에 코타(허리까지 오는 써플리스)를 입어야 한다. 그러나 성가대원이나 오르가니스트 등 음악 봉사자들은 언제나 흰색 Alb나 장백의를 입는다.

코타(Cotta) : "외투"를 의미하는 라틴어인데, 이 예복은 넓은 소매와 어깨 부분에 멍에 모양이 있다. 성직자가 입는 써플리스 보다는 짧으며, 예배 조력자나 성가대원, 오르간 반주자 등이 입는다.

Cotta

제 7 장
예배와 교회력

예배와 교회력

　교회력이란 교회가 만든 신앙력을 말한다. 이 교회력은 하나님의 위대한 구원 행동을 회상하고 축하하는 놀라운 방법이다. 교회력은 인간의 역사에 대한 하나님의 간섭하심 뿐 아니라, 풍성한 은혜로 지금도 우리 가운데서 역사(役事)하시는 하나님의 끊임없는 활동을 상기시켜 준다. 여러 세기를 통해서 교회력은 우리들의 예배에 영향을 주었다. 다시 말하면 성경을 읽는 일과 설교, 찬송과 다른 영창들, 제단보의 색깔과 예배 공간의 모양에 기여를 하였다. 그렇다. 교회력은 모든 기독교 예배의 주제와 정신을 반영하는데 절대적인 도움을 준다. 기독교회는 초대 교회 이래로 기독교인의 신앙을 유지하고 성장시킬 뿐 아니라 증거 하는 일에 있어서 무엇이 가장 중요한 것인가를 알고 이를 실천하였다. 그것은 주님께서 부활하신 날을 기념하는 일이었다. 이것이 바로 주일의 탄생이다. 그 결과 매 주일은 기독교인에게 있어서 가장 중요한 날이었고, 이 날은 작은 부활절이라는 정신을 가지게 되었다. 그 밖에 그리스도와 관계된 중요한 사건들을 교회는 기념하며 그 정신을 자신들의 삶에 적용시키려고 하였다. 이와 같은 것들을 1년 주기로 체계화한 것이 교회력이다.

1. 교회력의 구성

교회력은 두 부분으로 구성되어 있다. 첫째 부분은 예수 그리스도의 생애와 죽으심과 부활을 회상하고 축하하는데, 유축제 기간이라고 부른다. 둘째 부분은 평범한 기간으로, 예수 그리스도의 공적인 사역을 가르치는데 초점을 두며 무축제 기간이라고 부른다.

가. 유축제 기간

유축제 기간은 두 영역으로 나누는데, 성탄절 주기(週期)와 부활절 주기가 그것이다.

① 성탄절 주기 : 성탄절 주기는 대림절, 성탄절 그리고 주현절로 구성된다. 이 때에 교회는 예수님의 화육(사람이 되신 일)을 둘러싸고 있는 예언들과 사건들에 초점을 맞춘다.

② 부활절 주기 : 부활절 주기는 사순절, 부활절 그리고 성령강림절까지가 해당된다. 이 기간에 우리는 우리 주님의 고난과 죽으심 그리고 부활과 성령의 오심을 둘러싸고 있는 사건들을 주목하게 된다.

나. 무축제 기간

무축제 기간은 성령 강림절 이후 절기로, 교회의 시간이라고 부른다. 성삼위 일체 주일로부터 시작해서 왕이신 그리스도의 날 주일에 끝이 난다. 이 기간에 교회는 예수님의 공적인 사역들, 설교들과 비유들 그리고 기적들을 행하심에 대해서 가르친다. 이 기간은 믿음과 소망과 사랑 안에서 신앙이 성장하는 때이다. 그래서 성장을 상징하는 녹색 제단보를 사용한다.

2. 교회력의 내용

교회력은 대림절로 시작해서 왕이신 그리스도의 날 주일에 마치도록 하는 1년 주기로 된 시간표이다. 모든 절기는 그 정신을 잘 이해할 때, 유익한 삶의 지침이 될 수 있다.

가. 대림절.

대림절은 성탄절까지 4주일로 구성되어 있는데, 대림절 첫째 주일은 11월 30일에서 가장 가까운 주일이 된다. 교회력중 첫 번째 절기인 대림절이란 말 Advent는 라틴어 "오심"을 의미하는 Adventus에서 기원하고 있는데, 세 가지 방법으로 주님의 "오심"을 주목한다. 첫째는 예수님이 베들레헴에 어린아이의 몸을 빌어 오신 육신으로 오신 주님을 회상하는 일이고 (Adventus Christi in carne), 둘째는 말씀과 성례전으로 현재 우리들 안에서 은총을 베풀고 계시는 주님을 주목하며(Adventus Christi in gratia), 마지막으로는 세상 끝날 종말의 때에 영광의 재림주로 오실 주님을 기대한다 (Adventus Christi in gloria). 그러므로 대림절은 화육하신 주님을 축하하기 위해서 준비할 뿐 아니라, 지금도 우리와 함께 계시며, 세상을 심판하시려 오실 주님을 기다린다. 대림절의 색깔은 희망의 색인 청색을 사용한다. 왕의 색인 자주색을 대신 사용할 수도 있다. 청색을 사용하는 것은 사순절과 구별하기 위해서이다.

대림절의 주제 중 하나는 어두움이다. 그래서 대림절 화환을 사용한다. 대림절 화환은 제단 가까운 곳에 놓거나 걸어 두는데, 네 개의 초가 꽂힌 원형으로 되어 있다. 화환은 녹색이어야 하며, 초는 모두 백색이거나 아니면 청색 또는 자주색을 사용할 수 있다.

대림절은 절제와 검소함을 나타내는 절기이다. 이 기간에는 꽃을 생략하는 것이 좋은데, 성탄절의 풍성하고 화려한 제단과 대조를 이룰 수 있을 것이다. 대림절과 성탄절을 혼동해서는 안된다. 대림절 기간에는 성탄절 트리와 같은 장식을 해서는 안된다는 말이다.

나. 성탄절.

성탄절은 우리 주님께서 육신의 몸을 입고 탄생하신 것을 축하하는 절기이다. 성탄절 이브부터 시작해서 주현절 이브까지 12일간 계속된다. 성탄절은 주후 4세기 이후부터 지켜지고 있는 명절인데, 예수님의 탄생일은 성경 안에서 확인할 수 없다. 오늘날과 같이 12월 25일을 성탄절로 정한 것은, 기독교가 로마 당국으로부터 공인되어 국교로 선포되었을 때, 이전까지 그들이 섬겨오던 태양신의 날(동짓날)을 예수님의 탄생일로 정함으로 시작되었다. 4세기의 동지는 12월 25일 이었다고 한다. 동지는 연중 해가 가장 짧은 날로, 이후부터 해가 날마다 조금씩 길어진다. 기독교인들은 예수님을 "의의 태양"으로 믿기 때문에, 로마인들이 믿어왔던 태양신은 다름 아닌 예수님을 맞기 위한 준비였다고 볼 수 있다. 로마에는 판테온이란 태양신을 섬겼던 신전이 있다. 지금 판테온에는 예수님의 생애를 상징하는 조형물로 가득차 있다.

성탄절에도 대림절 화환을 계속 걸어 둘 수 있으며, 풍성한 포인세치아로 장식할 수 있다. 그러나 제단 위에는 어떤 꽃이나 식물로 장식해서는 안된다. 공간이 넓다고 하면 성탄절 트리를 세워둘 수 있다. 성탄절 이브 예배를 위해서 초들을 교회 창문이나 회중의 의자에 켜둘 수 있는데, 이것은 세상의 빛이신 예수님을 상징하는데 적절하기 때문이다. 만일 회중들에게 불켜진 초를 나누어주었을 경우에는 반드시 소화기를 준비해 두어 비상시를 대비해야 한다. 성탄절의 색은 흰색이다.

다. 주현절.

2세기에 소아시아와 아프리카에서는 1월 6일을 예수님의 탄생과 세례 받으심을 기념하는 날로 지키고 있었다. 그들도 역시 이교도들의 축제에서 가져왔다. 테베의 아메네헴 1세가 통치하던 주전 1996년의 동지는 1월 6일이었다고 한다. 시간이 지나가면서 동지날은 1월 6일이 아니었으나 축제는 계속되었다. 그러다가 4세기 이후 동방에서는 이 날을 성탄절로 대치하였다. 빛의 축제라는 의미로 이 절기의 색은 흰색이다.

주현절 후 첫째 주일과 마지막 주일은 축제일이다. 주현절 후 첫째 주일은 우리 주님께서 세례 받으심을 축하하는 주일이다. 이 날의 색은 흰색이다. 주현절 후 마지막 주일은 주님의 산상 변화 주일이다. 주현절 후 절기 중에서 정점에 해당되며, 사순절의 서막이 되기도 한다. 물론 이 주일의 색은 흰색이다. 둘째 주일로부터 여덟째 주일까지는 하나님의 아들이신 예수님을 아는데 우리가 자라가도록 성장의 색인 녹색을 사용한다.

라. 사순절.

사순절은 성회 수요일로부터 시작된다. 성회 수요일이라는 이름은 오래된 전통에 뿌리를 두고 있는데, 죄를 회개할 때 머리에 재를 뿌리는 전통이 있었다. 성경적인 전통에 의하면, 재를 뿌리는 일은 죄에 대한 하나님의 저주를 나타내는 것이었다. 재는 죽음을 상징한다. "흙으로 왔으니 흙으로 돌아가리라."(창 3:19b). 성회 수요일은 2월 4일과 3월 10일 사이에 오도록 되어 있는데, 이 날의 색은 검정이나(재의 색) 자주색(회개의 색)을 사용한다. 성회 수요일에는 제단에 꽃이 적당치 않으며 베너와 같은 장식도 옮겨지는 것이 당연하다. 성회 수요일부터 성주간 토요일까지, 십자가나 성화와 조각들은 흰색이나 자색 천으로 가리는 것이 좋다.

사순절은 부활절을 맞기까지 40일간 계속된다. 물론 주일은 계산되지 않는다. 모든 주일은 작은 부활절이기 때문에 사순절 기간에 속하지 않는다. 전통적으로 사순절은 두 가지 기본적인 주제가 있는데, 세례와 회개가 그것이다. 이 둘은 유월절 식탁의 뜻있는 축하를 위한 준비로써 적절한 것이다. 사순절은 우리 주님의 고난에 초점을 두는 게 아니다. 성주간이 주님의 고난에 초점이 있다. 사순절의 색은 자주색으로 회개의 색이기 때문이다. 기쁨의 상징인 꽃은 사순절 기간동안 생략된다.

고난 주일은 성주간 첫째 날로, 종려 주일로도 알려지고 있다. 이 날의 분위기는 이중적인 이름이 반영되고 있듯, 승리와 비극이 뒤섞여 있는 특색이 있다. 우리는 예수님께서 개선 장군처럼 예루살렘에 입성하시는 승리의 모습과 함께 십자가 위에서 죽으시는 모습을 회상하게 된다. 주홍색을 사용하는데, 피의 색이기 때문이다. 이 날에는 꽃을 대신해서 종려나무 가지로 장식할 수 있다.

세족 목요일(Maundy Thursday)은 다락방에서 마지막 식탁을 하는 동안에 성만찬을 제정하신 것을 회상케 한다. 이 날의 이름은 라틴어 mandatum이라는 말에서 기원하는데, "명하다"는 의미이다. 마지막 식탁에서 예수님은 "새 계명을 주노니, 너희가 서로 사랑하라."는 말씀을 명하셨다. 세족 목요일은 분홍색이나 흰색을 사용하며, 제단에 꽃을 둘 수 있는데 그 날의 색을 택하는 것이 좋겠다. 세족 목요일에는 언제나 성만찬을 해야 한다. 가능하다면 세족 목요일의 성찬은 진짜 빵 혹은 떡을 사용함으로 성찬 제정의 특성을 강조할 수 있겠다. 예수님의 종의식을 강조하기 위한 세족의식은 의무사항은 아니다. 세족 의식을 할 계획이라면 따뜻한 물과, 대야, 앞치마, 타올, 의자 등을 예배 드리기 전에 미리 준비해야 한다.

성금요일은 본래는 하나님의 금요일이었다. 우리들의 유월절 양이신 그리스도께서 십자가 위에서 달려 죽으심을 축하하는 날이다. 성금요일에 성찬을 하지 않는 것이 루터교회의 전통이다. 이 날의 초점은 십자가이기 때문이다. 성금요일 예배의식이 진행되는 동안 제단은 사용되지 않고, 대신 독서대에서 의식이 진행된다. 만일 어둠의 예배(Tenebrae Service)를 드린다면, 제단과 회중들을 위해 초가 준비되어야 할 것이다.

마. 부활절.

부활절 전야제(The Vigil of Easter)는 1년중 가장 극적인 의식을 갖는 날이다. 왜냐하면 사순절과 성 주간 동안에 우리들이 영적으로 준비한 모든 것들의 정점이 되기 때문이다. 이 날의 의식들은 빛과 어둠, 자유와 속박, 생명과 죽음처럼 극히 대조적인 것들로 가득차 있기 때문이다. 부활 전야 의식은 네 부분으로 구성되어 있는데, 빛의 예배, 성경봉독의 예배, 세례의 예배, 그리고 성만찬의 예배가 그것들이다. 유월절 초(paschal candle)가 부활절 전야 행진 때 사용되는데, 이 초에 새겨진 글자와 숫자는 다음과 같은 뜻이 있다. "예수 그리스도는 어제와 오늘, 시작과 끝이 되시고(*A* & *Ω*), 모든 시간은 그의 것이며(1), 모든 세대도 그의 것이고(9), 그에게만 영광과 주권이 있고(8), 영원 무궁토록 있을 지어다(6), 아멘" 부활절 전야제의 색은 흰색이다.

부활절의 축제는 모든 기독교 축제중의 여왕에 해당된다. 제단에서 사용되는 모든 것들은 가장 깨끗하고 좋은 것들이어야 한다. 부활절 기간 내내 흰색을 사용하며, 제단보나 예복들은 부활절을 축하하기 위해서 깨끗하게 준비되어야 한다. 희고 노란 꽃들이 적합하며, 부활절 백합화나 튤립이나 수선화 등으로 성단을 장식할 수 있다. 그러나 제단(Altar) 자체는 꽃이나 화분 등 어떤 무엇으로도 장식해서는 안된다. 성만찬은 어떤 부활절 예배에서든 생략되어서는 안된다. 부활절은 바로 유월절 잔치이기 때문이다. 부활절은 3월 22일과 4월 25일 사이에 오게 되는데, 부활절은 매년 춘분이 지나고 첫 만월이 지난 바로 다음 주일이 된다. 부활절 축제는 50일 동안 계속되는데, 이 기간동안 풍성한 꽃을 장식하는 것이 적절할 것이다.

부활절후 40일째 되는 날이 주님의 승천을 축하하는 날이다. 우리 주님께서 감람산에서 하늘로 승천하신 것을 축하하는데, 모든 색은 흰 것이며, 유월절 초를 승천일의 복음서를 봉독하는 때 끄는 것이 좋다. 그러나 성령 강림절 날 동안은 그 초를 켜 두는 것이 좋다.

바. 성령 강림절.

성령 강림절은 부활절 후 50일이 되는 날이다. 예루살렘에 성도들이 모여 있을 때 성령께서 강림하신 것을 축하하는 절기이다. 그러므로 모든 장식이나 의식의 초점은 성령께 모아져야 한다. 밝은 적색이 이 날의 색인데, 성령의 불을 상기시키기 때문이다. 이 날의 축제를 강조하기 위해서 성단은 붉은 제라늄이나 다른 붉은 꽃으로 장식한다. 성령 강림절에는 축제 행렬이 적합한데, 베너(깃발)들을 미리 준비해서 행진에 사용하는 것이 적합하다. 그리고 깃발과 함께 종을 울리는 것도 무방한 적절한 일이다. 예배 인도자는 성령 강림절 행진 때에 붉은 덮개 옷(Cope)을 입을 수 있다.

성령 강림절에는 일반적으로 성만찬이 시행되며, 견신례는 말할 것 없고 세례식을 갖기에도 적합한 절기이다.

사. 성령강림절 후의 주일들.

성령 강림절 후의 절기들은 무축제 기간이며 교회의 절기라고 부르는데, 영적 성장을 위한 절기이기 때문이다. 이 기간에는 녹색을 사용한다. 다만 다음 소축일들은 예외이다.

성삼위일체 주일 : 성령 강림절 바로 다음 주일을 말하는데, 하나님께서 삼위로 자신을 성경에 계시하신 것을 축하하는 절기이다. 흰색을 사용한다.

종교개혁 기념일 : 종교 개혁이 일어난 10월 31일을 말하는데, 그 날 바로 앞 주일을 지킬 수 있다. 말틴 루터와 다른 개혁자들을 보내 주신 것을 감사하고, 교회가 계속해서 새로워질 것에 대해 사명을 갖고 있음을 상기한다. 밝은 적색을 사용한다.

제성기념일 : 이 축제는 믿음 안에서 살다가 죽은 모든 세례 받은 이들을 기념하는 날이다. 매년 11월 1일이며, 그 날이 지난 다음주일에 지킬 수 있다. 흰색을 사용한다.

왕이신 그리스도의 날 주일 : 성령 강림절 후 마지막 주일인데, 그리스도의 왕권과 왕으로 불리우심을 축하한다. 흰색을 사용한다.

3. 교회력의 색

가. 대축제
대림절 첫 주일부터 성탄 전야 예배 전까지 -------- 청색 혹은 보라색
성탄전야 예배부터 주현절후 7일까지 ------------------------- 흰 색
주현절후 8일부터 주님의 산상변화 주일 전야까지 ------------- 녹 색
주님의 산상변화 주일부터 화요일까지 ------------------------ 흰 색

성회 수요일부터 성 금요일을 제외한 부활절 전야까지 -------- 보라색
성목요일 -- 흰 색
성금요일 -- 검은색
부활절 전야제(The Vigil of Easter) ------------------------ 흰 색
부활절에서 성령강림절 전야까지 --------------------------- 흰 색
성령강림절에서 삼위일체 주일 전야까지 --------------------- 붉은색
삼위일체 주일부터 7일간 ---------------------------------- 흰 색
성령강림절 후 둘째 주일부터 왕이신
   그리스도의 날 주일 전야까지 -------------------------- 녹 색
왕이신 그리스도의 날 주일부터 7일간 ----------------------- 흰 색

나. 소축제
종교개혁 기념일(10월 31일) ------------------------------- 붉은색
추수감사절(11월 4째 목요일) ------------------------------ 붉은색
추수 감사 주일(11월 4째 목요일이 포함된 주일 --------------- 붉은색
교회헌당식 -- 붉은색
참회와 기도의 날 -- 검은색
수태고지제, 성 미카엘, 제성기념일 ------------------------- 흰 색
사도순교일. --- 붉은색
추도식 -- 검은색
결혼식 등 특별행사 -------------------------------- 해당절기의 색

다. 교회력 색깔의 의미
  • 보 라 : 의식(儀式)의 색으로 진한 자주 빛으로 임금의 색이다.
          겸비하신 그리스도를 상징한다. 진지하고 성실을 표하는 색채
          이며 명상에로 이끈다. 교회는 두 가지 큰 준비기간(대림절과

사순절)을 위해 금식과 기도하는 계절을 위하여 택하였다.

- 흰 색 : 신성(神性)의 색으로, 하나님의 존전에서 섬기던 자들의 색이다. 즉 천사(계 15:6), 장로들(계 4:4), 하늘의 성도들(계 7:9, 14) 따라서 거룩한 일을 행하는 사람은 흰 예복을 입어야한다. 이 색은 신성(단 7:9, 마 17:2)과 깨끗함(계 19:8), 승리(계 3:4, 6:11)를 상징한다.

- 녹 색 : 생명(生命)의 색으로, 자연(nature)계가 한창 싱싱할 때 공동으로 가지는 색이다.
  눈에는 쉼을 주는 색인데, 교회가 그리스도의 가르침을 지도하여 성숙한 믿음으로 자라나게 한다는 뜻에서 이 색을 사용한다. 그것은 또 하나님의 은혜의 열매가 되는 크리스천의 생활을 상징한다.

- 붉은 색 : 교회(敎會)의 색으로, 피와 불의 색깔입니다.
  죄와 속죄를 상징한다. 그리스도의 피로 구원받고, 순교자들의 피로 입증된 교회를 또한 상징한다. 교회의 신앙과 열심은 하나님의 성령으로 불붙여지고 영속된다.

- 검은 색 : 죽음의 색으로 빛이 없는 어두움의 색이다.
  죽음과 가장 깊은 슬픔과 겸비를 상징한다.

- 청 색 : 소망(所望)의 색으로 천국을 의미하는 색이다.
  대림절에 그리스도의 초림과 재림 그리고 우리들 안에 임재하신 것을 상징하기에 적합하다.

제 8 장
예배와 성구집

예배와 성구집

루터교회는 교회력의 정신을 잘 뒷받침하는 성구집(Lectionary, Pericope)을 활용한다. 일반적으로 이 성구집은 공중예배에서 소리내어 읽도록 성경의 내용을 연속적으로 선별하였는데, 교회력에 따라 구성되어 있다. 예배에서 봉독할 목적으로 준비된 이 성구집을 페리카피(Pericope)라고 부르게 된 것은, 헬라어 perikope에서 유래하며, "잘라내다. 점을 찍다."라는 의미를 가지고 있다. 이 말은 유대교 회당예배에서 성경을 읽고 해석하는 일을 하였는데, 당시에는 장과 절이 없는 두루마리로 된 성경이었기에 다음에 읽게 될 부분을 표시해 두어야만 했다. 그 때 붉은 색으로 점을 찍었던 데서 이런 말이 생겨나게 되었다.

1. 성구집의 역사

가. 회당 예배와 성구집

기독교회가 사용하고 있는 성구집은 적어도 회당 예배에 기원을 두고 있다고 믿는다. 예수님께서 회당에서 안식일을 지키시려고 가셔서 성경을 읽고자 하셨을 때 이사야의 글(사 61:1-2)을 드렸다고 전하고 있는 내용이나, 야고보와 바울 등 초대 교회의 사도들이 회당 예배에서 성경을 읽고

강론하는 일에 참여하고 있음을 통해서 알 수 있다(행 15:21, 18:4). 회당 예배의 기원에 대해서는 정확한 역사적 자료가 없지만, 대체로 바벨론 포로 기간에 유대 나라 밖에서 자생한 것으로 생각한다(참고 시 137:4). 나라는 망하였고, 성전을 중심으로 하는 신앙도 무참히 짓밟혀버렸다. 그 때 그들은 자신들의 생존을 위한 새로운 시도가 필요하다고 여겼고 그것이 회당 예배를 만들게 된 기원이라고 생각할 수 있다. 자신들이 누구인지를 기억하게 하고 주체성을 갖는 선택된 민족으로 희망을 갖고 살아갈 수 있는 유일한 방법은 하나님을 섬기는 예배 이외에서는 다른 아무 것도 기대할 수 없었을 것이기 때문이다.

회당 예배의 특징은 성전 예배와 구별되었는데, 희생제사에 중심이 있던 성전 예배와는 달리, 회당 예배는 하나님께서 자신들을 위해서 무엇을 하셨는가 하는 데 중심을 두었다. 곧 하나님의 말씀인 구약 성경을 읽고 그 말씀을 해설하는(강론) 일에 초점을 두었다는 말이다. 강론(성경 해석)은 하나님이 하신 일에 대한 확신과 감사를 불러일으키도록 하였다. 그리고 예배의 다른 순서들은 말씀을 읽는 일과 해설하는 일을 둘러 싼 수단들이었다. 곧 율법서와 예언서의 낭독을 전후해서 찬양의 기도와 축도가 있었으며, 쉐마라고 알려진 신앙고백이 암송되었고, 시편의 일부가 노래로 불리어졌다. 회당에서는 이방 세계로부터 개종한 사람들에게 세례를 베푸는 공식적인 기관이기도 하였다. 그런데 회당 예배에서 중요한 내용 중 하나는, 예배에 참석하는 회중들에게 알려지지 아니한 비밀이나 신비들이 존재하지 않았다는 것이다. 모든 회중들은 자신이 가진 재능이나 은사를 가지고 봉사하도록 하였다. 이렇듯 회당 예배는 성전 예배에서 오늘의 기독교 예배로 들어가는 중간 단계 역할을 해 주었다고 볼 수 있는데, 회중 예배는 성경 말씀을 소리내어 읽는 일(봉독)과 그 말씀을 적절한 식견을 갖춘 랍비에 의해서 해설되는 일이 무엇보다도 중심을 이루고 있었다고 말할 수 있다. 그래서 자연히 성전 예배의 제사장을 회당에서는 랍비가 대신하게 되었다.

나. 초대 교회와 중세 교회의 성구집

초대 교회는 회당 예배에 비교적 익숙하였다고 보여진다. 앞서의 언급대로 예수님이나 사도들이 회당 예배에 규칙적으로 참석하였는데, 유대교회로부터 기독교가 박해를 받게 되자 중단되었을 것이다. 2세기 중엽에 기록된 것으로 보여지는 순교자 저스틴의 『제1변증서』는, 주일 예배를 생생하게 묘사하는 글을 남겼는데, 그들이 드린 예배에서는 사도들의 서신과 예언서들의 문서를 시간이 허락하는 한 읽었으며, 읽기를 마치면 이어서 설교자가 나와서 설교를 하였다고 전하고 있다. 3세기의 로마의 감독 히폴리투스의 『사도적 전승』 역시 로마 교회가 드렸던 예배를 비교적 자세히 소개하였는데, 성경읽기와 설교가 중심을 이루고 있었다. 4세기에 나온 『사도적 법령』은 복음서와 율법, 예언서 그리고 사도서간문이 봉독되었다고 전하고 있다. 유명한 4세기 교부 어거스틴은 미사 한 번 드리는데 두 가지 성경 본문을 봉독하는 것을 규칙으로 삼았다고 전한다. 그리고 축제 때에는 세 가지 본문을 읽었다고 한다.

역사적으로 복음서 봉독문 씨리즈는 그레고리 대제(604년 사망)로 올라가며, 사도 서간문 씨리즈는 불란서 가울의 교회에까지 올라가며, 이 둘이 합하게 된 것은 주후 800년 경이라고 한다.

다. 종교 개혁 이후의 성구집

16세기 종교 개혁은 세 가지 형태의 성구집을 탄생하게 하였다(로마 천주교회, 루터교회, 성공회).

쯔윙글리를 추종하는 급진적 혹은 자유주의 교회에서는 성구집 사용을 반대하였다. 쯔윙글리는 이런 성구집들은 성경을 전체적으로 읽는데 방해가 된다고 보았다. 그래서 그는 성경을 연속적으로 읽는 제도를 선호하였다. 칼빈은 한 예배에서 한 성경 구절만을 읽기를 좋아하였다. 이에 비해서 루터는 역사적인 성구집을 좋게 받아들였다. 대부분의 전통적인 서구 기독교회는 사도 서간문과 복음서 봉독문을 가지고 있다. 이것은 적어도 천여년간 발전하여 온 역사적인 성구집으로 매 주일 예배에서 듣고 읽도록 정해 둔 것이었다.

라. 현대의 성구집

성구집에 있어서 급격한 변화를 가져 온 것이 근래 수 십년간이라고 할 수 있다. 제2 바티칸 공의회에서 새 성구집을 제안할 연구위원회가 구성되고, 마침내 1969년 새 성구집이 나왔다. 이 성구집에 약간의 수정을 가한 것을 1970년 미국의 성공회와 장로교회가 받아들였고, 1973년 루터교회 등 다른 개신 교회가 받아들였다. 수정된 부분이란 가령 로마 천주교회에서 외경을 사용하는 내용에 대해서는 정경에 있는 구약 성경으로 대치하였다. 결과적으로 성구집을 반대해 오던 대부분의 개신 교회들이 비로소 마음을 열고 예배를 위한 성구 집을 받아들이게 되었다고 하는 말이다.

루터교회에서는 다음과 같은 세 가지 원칙을 가지고 성구 집을 수정하였다.

첫 번째는 모든 봉독문들은 그 날의 복음서와 일치되도록 선택해야 한다는 점이다. 세 봉독문 사이에 일치점이 없다고 하면, 아마도 예배의 통일성을 기하기 어려울 것이다.

두 번째는 세 가지 봉독문은 설교할 수 있는 것이어야 한다는 점이다. 모든 봉독문은 설교를 위해서 읽혀져야 한다. 봉독문과 설교의 본문이 따로 사용된다고 하면 역시 예배의 통일성을 위해 심각한 장애 요인이 될 것이다.

세 번째는 세 가지 봉독문은 전체 성경의 정신을 충분히 반영할 수 있어야 한다는 점이다. 성경의 봉독문은 전체 성경과의 관련성을 가지지 않는다면 안될 것이라는 말이다.

이와 같은 정신에서 루터교회의 성구집은 3년 주기로 구성되어 있는데, 첫 해는 마태 시리즈로, 둘째 해는 마가 시리즈로 셋째 해는 누가 시리즈로 구성되어 있다.

2 성구집의 내용

	대림절 첫째 주일(청색 혹은 보라색)				
1	시 122 사 2:1-5 롬 13:11-14 마 24:37-44 　　21:1-11	2	시 80:1-7 사 63:16b-17, 64:1-8 고전 1:3-9 막 13:33-37 　　11:1-10	3	시 25:1-9 렘 33:14-16 살전 3:9-13 눅 21:25-36 　　19:28-40
	대림절 둘째 주일(청색 혹은 보라색)				
1	시 72:1-14(15-19) 사 11:1-10 롬 15:4-13 마 3:1-12	2	시 85 사 40:1-11 벧후 3:8-14 막 1:1-8	3	시 126 말 3:1-4 빌 1:3-11 눅 3:1-6
	대림절 셋째 주일(청색 혹은 보라색)				
1	시 146 사 35:1-10 약 5:7-10 마 11:2-11	2	눅 1:46b-55 사 61:1-3, 10-11 살전 5:16-24 요 1:6-8, 19-28	3	사 12:2-6 습 3:14-18a 빌 4:4-7 눅 3:7-18
	대림절 넷째 주일(청색 혹은 보라색)				
1	시 24 사 7:10-14 롬 1:1-7 마 1:18-25	2	시 89:1-4, 14-18 삼하 7:(1-7)8-11, 16 롬 16:25-27 눅 1:26-38	3	시 80:1-7 미 5:2-4 히 10:5-10 눅 1:39-45(46-55)

	성탄절(12월 25일)(백색)				
1	시 96 사 9:2-7 딛 2:11-14 눅 2:1-20	2	시 80:1-7 사 52:7-10 히 1:1-9 요 1:1-14	3	시 25:1-9 사 62:10-12 딛 3:4-7 눅 2:1-20
	성탄후 첫째 주일(백색)				
1	시 111 사 63:7-9 갈 4:4-7 마 2:13-15, 19-23	2	시 111 사 45:22-25 골 3:12-17 눅 2:25-40	3	시 111 렘 31:10-13 히 2:10-18 눅 2:41-52

	성탄후 둘째 주일(백색)
1 2 3	시 147:13-21 사 61:10-62:3 엡 1:3-6, 15-18 요 1:1-18

	주현절(1월 6일, 백색)
1 2 3	시 72 사 60:1-6 엡 3:2-12 마 2:1-12

	우리 주님의 세례일-주현절후 첫째주일(녹색)				
1	시 45:7-9 사 42:1-7 행 10:34-38 마 3:13-17	2	시 45:7-9 사 42:1-7 행 10:34-38 막 1:4-11	3	시 25:1-9 사 42:1-7 행 10:34-38 눅 3:15-17, 21-22

주현절후 둘째 주일(녹색)

1	시 40:1-12 사 49:1-6 고전 1:1-9 요 1:29-41	2	시 67 삼상 3:1-10 고전 6:12-20 요 1:43-51	3	시 36:5-10 사 62:1-5 고전 12:1-11 요 2:1-11

주현절후 셋째 주일(녹색)

1	시 27:1-9 사 9:1b-4 고전 1:10-17 마 4:12-23	2	시 62:6-12 욘 3:1-5,10 고전 7:29-31 막 1:14-20	3	시 113 사 61:1-6 고전 12:12-21 눅 4:14-21

주현절후 넷째 주일(녹색)

1	시 1 미 6:1-8 고전 1:26-31 마 5:1-12	2	시 1 신 18:15-20 고전 8:1-13 막 1:21-28	3	시 71:1-6, 15-17 렘 1:4-10 고전 12:27-13:13 눅 4:21-32

주현절후 다섯째 주일(녹색)

1	시 112 사 58:5-9a 고전 2:1-5 마 5:13-20	2	시 147:1-13 욥 7:1-7 고전 9:16-23 막 1:29-39	3	시 85:8-13 사 6:1-8(9-13) 고전 14:12b-20 눅 5:1-11

주현절후 여섯째 주일(녹색)

1	시 119:1-16 신 30:15-20 고전 2:6-13 마 5:20-37	2	시 32 왕상 5:1-14 고전 9:24-27 막 1:40-45	3	시 1 렘 17:5-8 고전 15:12, 16-20 눅 6:17-26

	주현절후 일곱째 주일(녹색)				
1	시 103:1-13 레 19:1-2, 17-18 고전 3:10-11, 16-23 마 5:38-48	2	시 41 사 43:18-25 고후 1:18-22 막 2:1-12	3	시 103:1-13 창 45:3-8a, 15 고전 15:35-38a, 　　　42-50 눅 6:27-38
	주현절후 여덟째 주일(녹색)				
1	시 62 사 49:13-18 고전 4:1-13 마 6:24-34	2	시 103:1-13 호 2:14-16(17-18), 　　19-20 고후 3:1b-6 막 2:18-22	3	시 92 렘 7:1-7(8-15) 고전 15:51-58 눅 6:39-49
	주님의 산상변화 주일-주현절 마지막 주일				
1	시 2:6-12 출 24:12, 15-18 벧후 1:16-19(20-21) 마 17:1-9	2	시 50:1-6 왕하 2:1-12a 고후 3:12-4:2 막 9:2-9	3	시 99:1-5 신 34:1-12 고후 4:3-6 눅 9:28-36
	성회 수요일(보라색)				
1 2 3	시 51:1-13 욜 2:12-19 고후 5:20b-6:2 마 6:1-6, 16-21				
	사순절 첫째 주일(보라색)				
1	시 1130 창 2:7-9, 15-17, 3:1-7 롬 5:12(13-16), 17-19 마 4:1-11	2	시 6 창 22:1-18 롬 8:31-39 막 1:12-15	3	시 91 신 26:5-10 롬 10:8b-13 눅 4:1-13

	사순절 둘째 주일(보라색)				
1	시 105:4-11 창 12:1-8 롬 4:1-5, 13-17 요 4:5-26 　(27-30, 39-42)	2	시 115:1, 9-18 창 28:10-17(18-22) 롬 5:1-11 막 8:31-38	3	시 42:1-7, 11 렘 26:8-15 빌 3:17-4:1 눅 13:31-35
	사순절 셋째 주일(보라색)				
1	시 142 사 42:14-21 엡 5:8-14 요 9:1-41	2	시 19:7-14 출 20:1-17(18-22) 고전 1:22-25 요 2:13-22	3	시 126 출 3:1-8b, 10-15 고전 10:1-13 눅 13:1-9
	사순절 넷째 주일(보라색)				
1	시 43 호 5:15-6:2 롬 8:1-10 마 20:17-28	2	시 27:1-9(10-14) 민 21:4-9 엡 2:4-10 요 3:14-21	3	시 32 사 12:1-6 고전 1:18-31 눅 15:1-3, 11-32
	사순절 다섯째 주일(보라색)				
1	시 116:1-8 겔 37:1-3(4-10), 11-14 롬 8:11-19 요 11:1-53	2	시 51:11-16 렘 31:31-34 히 5:7-9 요 12:20-33	3	시 28:1-3, 7-9 사 43:16-21 빌 3:8-14 눅 20:9-19
	종려 주일-수난 주일(보라색)				
1	시 31:1-5, 9-16 사 50:4-9a 빌 2:5-11 마 26:1-27:66 　(27:11-54)	2	시 31:1-5, 9-16 겔 9:9-10 빌 2:5-11 막 14:1-15:47(15:1-39)	3	시 31:1-5, 9-16 신 32:36-39 빌 2:5-11 눅 22:1-23:56(23:1-49)

성 월요일(보라색)	
1 2 3	시 36:5-10 사 42:1-9 히 9:11-15 요 12:1-11

성 화요일(보라색)	
1 2 3	시 71:1-12 사 49:1-6 고전 1:18-25 요 12:20-36

성 수요일(보라색)	
1 2 3	시 70:1-2, 4-6 사 50:4-9a 롬 5:6-11 마 26:14-25

성 목요일(백색)					
1	시 116:10-17 출 12:1-14 고전 11:17-32 요 13:1-17, 34	2	시 116:10-17 출 24:3-11 고전 10:16-17(18-21) 막 14:12-26	3	시 116:10-17 렘 31:31-34 히 10:15-39 눅 22:7-20

성 금요일(보라색)	
1 2 3	시 22:1-23 사 52:13-53:12 호 6:1-6 히 4:14-16, 5:7-9 요 18:1-19:42(19:17-30)

	주님의 부활-부활절(백색)				
1	시 118:1-2, 15-24 행 10:34-43 골 3:1-4 마 28:1-10	2	시 118:1-2, 15-24 사 25:6-9 고전 15:19-28 요 20:1-9(10-18)	3	시 118:1-2, 15-24 출 15:1-11 고전 15:1-11 눅 24:1-11(요 20:1-9)
	부활절 둘째 주일(백색)				
1	시 16 행 2:14a, 22-32 벧전 1:3-9 요 20:19-31	2	시 139:1-11 행 3:13-15, 17-26 요일 5:1-6 요 20:19-31	3	시 30 행 5:12, 17-22 계 1:4-18 요 20:19-31
	부활절 셋째 주일(백색)				
1	시 16 행 2:14a, 36-47 벧전 1:17-21 눅 24:13-35	2	시 139:1-11 행 4:8-12 요일 1:1-2:2 눅 24:36-49	3	시 30 행 9:1-20 계 5:11-14 요 21:1-14
	부활절 넷째 주일(백색)				
1	시 23 행 6:1-9 벧전 2:19-25 요 10:1-10	2	시 23 행 4:23-33 요일 3:1-2 요 10:11-18	3	시 23 행 13:15-16a, 26-33 계 7:9-17 요 10:22-30
	부활절 다섯째 주일(백색)				
1	시 33:1-11 행 17:1-15 벧전 2:4-10 요 14:1-12	2	시 22:24-30 행 8:26-40 요일 3:18-24 요 15:1-8	3	시 145:1-13 행 13:44-52 계 21:1-5 요 13:31-35

	부활절 여섯째 주일(백색)				
1	시 66:1-6, 14-18 행 17:22-31 벧전 3:15-22 요 14:15-21	2	시 98 행 11:19-30 요일 4:1-11 요 15:9-17	3	시 67 행 14:8-18 계 21:10-14, 22-23 요 14:23-29
	주님의 승천절(목요일-백색)				
1 2 3	시 110 행 1:1-11 엡 1:16-23 눅 24:44-53				
	부활절 일곱째 주일(백색)				
1	시 47 행 1:(1-7)8-14 벧전 4:12-17; 5:6-11 요 17:1-11	2	시 47 행 1:15-26 요일 4:13-21 요 17:11b-19	3	시 47 행 16:6-10 계 22:12-17, 20 요 17:20-26
	성령 강림절-오순절(적색)				
1	시 104:25-34 욜 2:28-29 행 2:1-21 요 20:19-23	2	시 104:25-34 겔 37:1-14 행 2:1-21 요 7:37-39a	3	시 104:25-34 창 11:1-9 행 2:1-21 요 15:26-27; 16:4b-11
	성 삼위일체 주일-성령 강림절후 첫째 주일(백색)				
1	시 29 신 11:18-21, 26-28 고후 13:11-14 마 28:16-20	2	시 149 신 6:4-9 롬 8:14-17 요 3:1-17	3	시 8 잠 8:22-31 롬 5:1-5 요 16:12-15

	성령 강림절후 둘째 주일(녹색)				
1	시 31:1-5(6-18), 19-24 신 11:18-21, 26-28 롬 3:21-25a, 27-28 마 7:(15-20)21-29	2	시 81:1-10 신 5:12-15 고후 4:5-12 막 2:23-28	3	시 117 왕상 8:(22-23, 27-30), 　　　41-43 갈 1:1-10 눅 7:1-10
	성령 강림절후 셋째 주일(녹색)				
1	시 50:1-15 호 5:15-6:6 롬 4:18-25 마 9:9-13	2	시 61:1-5, 8 창 3:9-15 고후 4:13-18 막 3:20-35	3	시 30 왕상 17:17-24 갈 1:11-24 눅 7:11-17
	성령 강림절후 넷째 주일(녹색)				
1	시 100 출 19:2-8a 롬 5:6-11 마 9:35-10:8	2	시 92:1-5(6-10), 11-14 겔 17:22-24 고후 5:1-10 막 4:26-34	3	시 32 삼하 11:26-12:10, 13-15 갈 2:11-21 눅 7:36-50
	성령 강림절후 다섯째 주일(녹색)				
1	시 69:1-20 렘 20:7-13 롬 5:12-15 마 10:24-33	2	시 107:1-3, 23-32 욥 38:1-11 고후 5:14-21 막 4:35-41	3	시 63:1-8 슥 12:7-10 갈 3:23-29 눅 9:18-24
	성령 강림절후 여섯째 주일(녹색)				
1	시 89:1-4, 15-18 렘 28:5-9 롬 6:1b-11a, 27-28 마 10:34-42	2	시 30 애 3:22-33 고후 8:1-9, 13-14 막 5:21-24a, 35-43	3	시 16 왕상 19:14-21 갈 5:1, 13-25 눅 9:51-62

	성령 강림절후 일곱째 주일(녹색)				
1	시 145:1-2(3-13), 14-22 슥 9:9-12 롬 7:15-25a 마 11:25-30	2	시 143:1-2, 5-8 겔 2:1-5 고후 12:7-10 막 6:1-6	3	시 66:1-11, 14-18 사 66:10-14 갈 6:1-10, 14-16 눅 10:1-12, 16(17-20)
	성령 강림절후 여덟째 주일(녹색)				
1	시 65 사 55:10-11 롬 8:18-25 마 13:1-9(18-23)	2	시 85:8-13 암 7:10-15 엡 1:3-14 막 6:7-13	3	시 25:1-9 신 30:9-14 골 1:1-14 눅 10:25-37
	성령 강림절후 아홉째 주일(녹색)				
1	시 86:11-17 사 44:6-8 롬 8:26-27 마 13:24-30(36-43)	2	시 23 렘 23:1-6 엡 2:13-22 막 6:30-34	3	시 15 창 18:1-10a(10b-14) 골 1:21-28 눅 10:38-42
	성령 강림절후 열째 주일(녹색)				
1	시 119:129-136 왕상 3:5-12 롬 8:28-30 마 13:44-52	2	시 145 출 24:3-11 엡 4:1-7, 11-16 요 6:1-15	3	시 138 창 18:20-32 골 2:6-15 눅 11:1-13
	성령 강림절후 열 한째 주일(녹색)				
1	시 104:25-31 사 55:1-5 롬 8:35-39 마 14:13-21	2	시 78:23-29 출 16:2-15 엡 4:17-24 요 6:24-35	3	시 49:1-11 전 1:2; 2:18-26 골 3:1-11 눅 12:13-21

	성령 강림절후 열 두째 주일(녹색)					
1	시 85:8-13 왕상 19:9-18 롬 9:1-5 마 14:22-33	2	시 34:1-8 왕상 19:4-8 엡 4:30-5:2 요 6:41-51	3	시 33 창 15:1-6 히 11:1-3, 8-16 눅 12:32-40
	성령 강림절후 열 셋째 주일(녹색)					
1	시 67 사 56:1, 6-8 롬 11:13-15, 29-32 마 15:21-28	2	시 34:9-14 잠 9:1-6 엡 5:15-20 요 6:51-58	3	시 82 렘 23:23-29 히 12:1-13 눅 12:49-53
	성령 강림절후 열 넷째 주일(녹색)					
1	시 138 출 6:2-8 롬 11:33-36 마 16:13-20	2	시 34:15-22 수 24:1-2a, 14-18 엡 5:21-31 요 6:60-69	3	시 117 사 66:18-23 히 12:18-24 눅 13:22-30
	성령 강림절후 열 다섯째 주일(녹색)					
1	시 26 렘 15:15-21 롬 12:1-8 마 16:21-26	2	시 15 신 4:1-2, 6-8 엡 6:10-20 막 7:1-8, 14-15, 21-23	3	시 112 잠 25:6-7 히 13:1-8 눅 14:1, 7-14
	성령 강림절후 열 여섯째 주일(녹색)					
1	시 119:33-40 겔 33:7-9 롬 13:1-10 마 18:15-20	2	시 146 사 35:4-7a 약 1:17-22(23-25) 막 7:31-37	3	시 10:12-15, 17-19 잠 9:8-12 몬 1(2-9), 10-21 눅 14:25-33

성령 강림절후 열 일곱째 주일(녹색)					
1	시 103:1-13 창 50:15-21 롬 14:5-9 마 18:21-35	2	시 116:1-8 사 50:4-10 약 2:1-5, 8-10, 14-18 막 8:27-35	3	시 51:1-18 출 32:7-14 딤전 1:12-17 눅 15:1-10
성령 강림절후 열 여덟째 주일(녹색)					
1	시 27:1-13 사 55:6-9 빌 1:1-5(6-11), 19-27 마 20:1-16	2	시 54:1-4, 6-7a 렘 11:18-20 약 3:16-4:6 막 9:30-37	3	시 113 암 8:4-7 딤전 2:1-8 눅 16:1-13
성령 강림절후 열 아홉째 주일(녹색)					
1	시 25:1-9 겔 18:1-4, 25-32 빌 2:1-5(6-11) 마 21:28-32	2	시 135:1-7, 13-14 민 11:4-6, 10-16, 24-29 약 4:7-12(13-5:6) 막 9:38-50	3	시 146 암 6:1-7 딤전 6:6-16 눅 16:19-31
성령 강림절후 스무째 주일(녹색)					
1	시 80:7-14 사 5:1-7 빌 3:12-21 마 21:33-43	2	시 128 창 2:18-24 히 2:9-11(12-18) 막 10:2-16	3	시 95:6-11 합 1:1-3; 2:1-4 딤후 1:3-14 눅 17:1-10
성령 강림절후 스무 한째 주일(녹색)					
1	시 23 사 25:6-9 빌 4:4-13 마 22:1-10(11-14)	2	시 90:12-17 암 5:6-7, 10-15 히 3:1-6 막 10:17-27(28-30)	3	시 111 룻 1:1-19a 딤후 2:8-13 눅 17:11-19

	성령 강림절후 스무 둘째 주일(녹색)				
1	시 96 사 45:1-7 살전 1:1-5a 마 22:15-21	2	시 91:9-16 사 53:10-12 히 4:9-16 막 10:35-45	3	시 121 창 32:22-30 딤후 3:14-4:5 눅 18:1-8a
	성령 강림절후 스무 셋째 주일(녹색)				
1	시 1 레 19:1-2, 15-18 살전 1:5b-10 마 22:34-40(41-46)	2	시 126 렘 31:7-9 히 5:1-10 막 10:46-52	3	시 34 신 10:12-22 딤후 4:6-8, 16-18 눅 18:9-14
	성령 강림절후 스무 넷째 주일(녹색)				
1	시 63:1-8 암 5:18-24 살전 4:13-14(15-18) 마 25:1-13	2	시 119:1-16 신 6:1-9 히 7:23-38 막 12:28-34(35-37)	3	시 145 출 34:5-9 살전 1:1-5, 11-12 눅 19:1-10
	성령 강림절후 스무 다섯째 주일(녹색)				
1	시 90:12-17 호 11:1-4, 8-9 살전 5:1-11 마 25:14-30	2	시 107:1-3, 33-43 왕상 17:8-16 히 9:24-28 막 12:41-44	3	시 148 대상 29:10-13 살전 2:13; 3:5 눅 20:27-38
	성령 강림절후 스무 여섯째 주일(녹색)				
1	시 131 말 2:1-2, 4-10 살전 2:8-13 마 23:1-12	2	시 16 단 12:1-3 히 10:11-18 막 13:1-13	3	시 98 말 4:1-2a 살후 3:6-13 눅 21:5-19

성령 강림절후 스무 일곱째 주일(녹색)

1	시 105:1-7 렘 26:1-6 살전 3:7-13 마 24:1-14	2	시 111 단 7:9-10 히 13:20-21 막 14:24-31	3	시 68:1-4 사 52:1-6 고전 15:54-58 눅 19:11-27

왕이신 그리스도의 날 주일(백색)

1	시 95:1-7a 겔 34:11-16, 23-24 고전 15:20-28 마 25:31-46	2	시 93 단 7:13-14 계 1:4b-8 요 18:33-37	3	시 95:1-7a 렘 23:2-6 골 1:13-20 눅 23:35-43

송구영신(1월 1일)(백색)

1 2 3	시 102:24-28 렘 24:1-7 벧전 1:22-25 눅 13:6-9

예수님의 명명일(1월 1일)(백색)

1 2 3	시 8 민 6:22-27 롬 1:1-7, 빌 2:9-13 눅 2:21

우리 주님의 수태고지 일(3월 25일)(백색)

1 2 3	시 45 사 7:10-14 딤전 3:16 눅 1:26-38

	종교개혁 기념일(10월 31일)(적색)
1 2 3	시 46 렘 31:31-34 롬 3:19-28 요 8:31-36

	제성 기념일(11월 1일)(백색)
1 2 3	시 34:1-10 사 26:1-4, 8-9, 12-13, 19-21 계 21:9-11, 22-27(22:1-5) 마 5:1-12

	추수감사절(백색)
1 2 3	시 65 신 8:1-10 빌 4:6-20 눅 17:11-19

	교회 헌당식 및 교회 창립 기념일(적색)
1 2 3	시 84 왕상 8:22-30 벧전 2:1-9 요 10:22-30

	평화를 위한 기도(백색)
1 2 3	시 85 미 4:1-5 엡 2:13-18 요 15:9-12

마치는 글

　루터교회의 예배를 이해하려는 작업은 간단하지 않다. 필자의 경우만 보더라도 벌써 30년이란 짧지 않은 시간동안 루터교회 안에서 예배를 인도하고 있는 사람으로써도 모르는 점이 너무 많이 있기 때문이다. 그것은 루터교회의 예배가 긴 역사적 배경을 가지고 있다는 말이면서 동시에 내용에 있어서 단순하지 않다는 말이기도 하다.
　마치 민간 신앙을 가진 사람들이 제사를 지낼 때 갖추는 격식이 복잡하듯, 루터교회를 포함한 전통적인 의식 예배에서는 이와 비슷한 느낌을 가질 수 있다. 그러나 다른 한편 좀더 깊이 생각해 보면, 이런 의식예배는 그 의식 하나 하나가 갖는 의미 못지 않게, 이런 의식을 통해서 예배하는 의미와 정신을 새삼스럽게 깨닫게 해 줄 뿐 아니라, 예배하는 사람의 자세를 새롭게 만들어 주는 위대한 힘이 있다는 것을 배우게 된다.

　현대인들은 모든 것을 간단 명료하게 이해하기를 바란다. 그러나 하나님을 예배하는 일에서만큼은 달라져야 한다고 생각한다. 아마도 이런 생각은 우리들의 신앙 선배들 역시 많이 가졌던 것이라고 느끼고 있다. 하나님을 만나는 일이 분명 즐거운 일이고 축복된 일이지만, 가볍게 나아갈 수 있는 일은 아니지 않은가? 유대인들이 매일 같이 외우는 [쉐마](들어라)

라는 신명기 6:5의 말씀은, "너는 마음을 다하고 성품을 다하고 힘을 다하여 네 하나님 여호와를 사랑하라."고 지금도 우리에게 말씀하신다. 예수님은 수가성 여인에게 이 말씀을 바탕으로 해서 하나님을 예배할 것을 말씀하셨다(요 4:23-24). 어떻게 드리는 예배가 신령과 진정일까? 마음을 신령과 진정으로 가다듬는 것이 과연 가능한 일일까? 우리 선조들은 책을 읽는 자녀들에게 의관(衣冠)을 정제(整齊)하라고 가르쳤다. 바른 정신으로 책을 읽도록 하기 위해서는 옷매무새나 자세가 바르지 않고서는 안된다는 교훈이었다. 이런 점에서 우리는 변화하는 세상에서 살지만 여전히 변하지 않는 그 무엇을 가져야 함을 느낀다. 그것들을 위대한 신앙 유산이라고 할 수 있다. 예배의 전통은 바로 이런 위대한 신앙 유산의 하나라고 믿으며, 전해져 내려오는 것을 지키는 것만이 아니라, 그 정신과 의미를 잘 보존하고 발전시키는 것이 더 중요하다고 믿는다.

참고도서

Cullmann O., 이선희역, 『원시기독교 예배』, 서울 : 기독교서회, 1984.
Davis H. G., 박일영역, 『예배 의식의 실제』, 서울 : 컨콜디아사, 1983.
Horn E. T., 배한국역, 『교회력』, 서울 : 컨콜디아사, 1989.
Kaspar P. P., 허 인역, 『전례와 표징』, 서울 : 성바오로출판사, 1990.
Kleinhans T. J., *The Year of the Lord*, St. Louis : Concordia Publishing House, 1967.
Luther M., 지원용역, 『소교리문답서』, 서울 : 컨콜디아사, 1981.
Mills W. D., 김소영역, 『성서 일과』, 서울 : 기독교서회, 1991.
Pfatteicher P. H., *Manual on the Liturgy*, Minneapolis : Augsburg Publishing House, 1979.
Pittelko R. D., *Guide to Introducing Lutheran Worship*, St. Louis : Concordia Publishing house, 1981
Reed L. M., *The Lutheran Liturgy*, Philadelphia : Muhlenberg Press, 1985.
Ruoss G. M., *Altar Guild*, Philadelphia : Muhlenberg Press, 1955.
Schoedel W. M., *Worship is celebrating as Lutherans*, St. Louis : Concordia Publishing House, 1990.
Shepherd Jr. M. H., 정철범역, 『예전학』, 서울 : 기독교서회, 1990.
Stauffer S. A., *Altar Guild*, Philadelphia : Fortress Press, 1985.
Strodach P. Z., *An Explanation of the Common Service*, 1908.
White J. F., 정장복역, 『기독교 예배학 입문』, 서울 : 엠마오, 1992.
Zimmer R. A., *A Catechism of Christian Worship*, St. Louis : Concordia Publishing House, 1961.
도로우, "예배를 위한 성구집의 활용" 『신학과 신앙』, 서울 : 컨콜디아사, 1993.
박성완, 『기독교 신앙』, 서울 : 깊이와 넓이, 1993.
박성완, "루터교 예배 갱신의 과제", 『신학과 신앙』, 서울 : 컨콜디아사, 1999

저자 박성완 교수

경남 거창고등학교 졸업
연세대학교 신과대학 졸업
연세대학교 연합신학대학원 졸업
루터신학원 졸업
독일 미시온스 베르그 선교신학원 연구
장신대-샌프란치스코 신학대학원 목회학박사 과정 수료
미국 컨콜디아 신학대학원 연구(St. Louis)
미국 루터 신학대학원 연구(St. Paul)
미국 컨콜디아 대학교 명예 문학박사(St. Paul)
부산 신학교 전임강사 역임
순복음 신학교 강사 역임
부산 신일루터교회 개척 담임 역임
부산 제일루터교회 담임 역임
옥수동 루터교회 담임(현)
한국 베델성서연구원 전임강사(현)
루터 신학대학교 교수(현)

저서 : 베델성서연구 성서편 교수용교재(컨콜디아사),
　　　베델성서 연구 생활편 교수용 교재(공저, 컨콜디아사),
　　　기독교 신앙(깊이와 넓이),
　　　옥수동교회 30주년 사료집(바위),
　　　교회력에 따른 기도와 묵상집(컨콜디아사).

루터교 예배 이해

초판 1 쇄 인쇄 / 2000년 10월 20일
초판 1 쇄 발행 / 2000년 10월 30일

지은이 / 박 성 완

발 행 인 / 허　　송
편 집 인 / 유 영 탁
발 행 소 / 도서출판　컨콜디아사
　　　　　(기독교 한국 루터회 총회 출판홍보국)
　　　　　서울 송파구 신천동 7-20 루터회관
　　　　　(전화)412-7451, 412-7453 (팩스)418-7457
　　　　　등록 / 1959년 8월 11일(제3-45호)

인　　쇄 / 보광문화사(712-2236)

책　값 / 5,500 원

ISBN　89-391-0095-6　　03230